BADELUST

in München & Oberbayern

Karl Stankiewitz

BADELUST

in München & Oberbayern

edition buntehunde

Inhaltsverzeichnis

Badelust anno dazumal

Von der Lust am Baden und der Lust an der Politik

Als Bürgermeister Münchens, der wegen seines Einsatzes für den an der Isar gelegenen Kulturstrand und das geplante Isar-Flussbad von den Münchner Medien schon einmal scherzhaft „Isar-Bürgermeister" getauft wurde, freue ich mich sehr über die neue Buchidee von Karl Stankiewitz. „Badelust in München & Oberbayern" macht in der Tat große Lust darauf, die Bäderlandschaft in München und Umgebung neu zu entdecken.

München ist eine Stadt, in der die Lebenshaltungskosten leider kontinuierlich steigen. Das betrifft zuvorderst die Mieten, aber auch in vielen anderen Bereichen wird das Leben in unserer Stadt immer teuerer. Umso wichtiger ist es meiner Meinung nach, Freizeiteinrichtungen zu schaffen bzw. zu erhalten, die Entspannung vom Alltag zu noch bezahlbaren Preisen anbieten. Bäder sind solche Orte.

Genau deswegen bin ich so fasziniert von der Idee eines Flussbades an der Isar. Ich stelle mir einen Ort vor, der wenig oder gar keinen Eintritt kostet, und an dem sich Münchner unterschiedlichster Herkunft und unterschiedlichster Couleur entspannen können. Willkommener Nebeneffekt: Ein solches Flussbad würde die Isar, ein Wahrzeichen unserer Stadt, noch stärker mit München und dem Alltagsleben der Münchner verzahnen.

Aber auch ohne das Flussbad, das sich ja momentan noch im Entwicklungsstadium befindet, ist Münchens Bäderlandschaft faszinierend vielfältig. Vom Jugendstiljuwel Müller'sches Volksbad bis zum Olympiabad, das den Geist der Olympischen Spiele 1972 bewahrt hat: jeder findet in unserer Stadt „sein" Bad. Für jeden Geschmack ist etwas dabei.

Für mich selbst hat das Thema „Bäder" noch eine ganz andere, biographische Bedeutung. Wer weiß, ob ich überhaupt Berufspolitiker geworden wäre, wenn mich nicht in jungen Jahren die Debatte um den Erhalt eines

Freibades dermaßen politisiert hätte. Ich meine die in den 90-Jahren im Münchner Westen leidenschaftlich geführte Debatte um den Erhalt des Allacher Freibads – für mich, als gebürtigen Allacher, „mein" Freibad. Ich war damals bereits in der Jungen Union engagiert, und spürte zum ersten Mal, wie erfüllend es sein kann, sich für etwas politisch einzusetzen, an das man glaubt. Auch wenn dieser politische Kampf letztendlich erfolglos war – das Allacher Freibad musste für immer seine Pforten schließen – war damit doch der Boden für mein späteres politisches Tun bereitet.

Sie sehen: das Thema Bäder hat ganz viele, spannende Aspekte. In diesem Sinne wünsche ich Ihnen viel Vergnügen mit diesem wunderbaren Buch.

Ihr Josef Schmid
2. Bürgermeister der Landeshauptstadt München

Der berühmte „Jungbrunnen" von Lucas Cranach d.Ä.

Von alter Badelust. Ein Vorwort

„Vollständige od. teilweise Umspülung des Körpers mit flüssigen, gasartigen od. festen Bestandteilen; auch der Ort an dem sich dies vollzieht." Diese kuriose Beschreibung findet sich in Herders Konversationslexikon von 1902 unter dem Stichwort „Bad".

Klar wie Quellwasser ist jedenfalls, dass das Eintauchen in das Element Wasser – um den Vollzug des Badens einfacher zu definieren – zu den Ur-Erlebnissen der Menschheitsgeschichte gehört. Davon zeugt schon die Bibel mit detaillierten Berichten über Johannes den Täufer oder Susanne im Bade. Auch die Kunstgeschichte ist voller Badeszenen; bei den Meistern der Dürer-Zeit und den Expressionisten der „Brücke" waren sie besonders beliebt. Auffallend oft drängen sich heimliche Zuschauer (Voyeure, Spanner) mit in die Bilder mit den nackten oder fast nackten Menschen. Was ein Hinweis sein könnte auf eine gewisse Volkstümlichkeit, die solchen Leibesübungen immer schon eigen war. Eine Lust war das Baden allemal.

Dass die Badekultur ungefähr so alt ist wie die Zivilisation, beweisen indes die luxuriösen Thermen, die von den Römern bis auf die Insel Britannien verstreut wurden und deren Ruinen nicht zuletzt auch in Bayern noch zu bestaunen sind. Zuvor hatten sich schon die alten Griechen, ausgenommen die Spartaner, nach sportlichen Anstrengungen gern im angeheizten Nass erquickt. Ebenso waren die antiken Ägypter, die Araber und die Türken alles andere als wasserscheu. Aus dem Orient brachten denn auch die Kreuzfahrer das Warm- und Schwitzbad nach Europa. Kaiser und Päpste ließen sich Privatbäder bauen, in deren Gefolge auch Mönche, Ritter und Bürger. So manche Burg, so manches Kloster birgt noch Rudimente urtümlicher Badefreuden.

Natürlich war und ist das Bad zunächst einmal kein Lusttempel, sondern ein Ort der Reinigung und der Erfrischung, der körperlichen wie auch der mentalen Reinigung, einstmals also eine Kultstätte. Daneben aber hat es im Laufe der Jahrhunderte vielerlei Funktionen erfüllt: als Treffpunkt der Geselligkeit und des Gesprächs (heute Kommunikations-Zentrum genannt); als Praxis für den Bader; es diente als vermeintlicher Jungbrunnen und als Ort vielfacher Gesundheitspflege; und allgemein als eine Einrichtung, wo sich Männlein und Weiblein einfach nur wohlfühlen sollten (heute nennt man dergleichen Wellness-Oase oder ähnlich). Nicht selten allerdings war das Bad auch schlicht ein Bordell – zeitweise mit Verboten belegt oder ganz legal. Die Verwandlung in Badeanstalten sowie in Sport-, Leistungs- und Freizeitanlagen begann erst im 20. Jahrhundert. Die Heilbäder haben wiederum ihre eigene Geschichte.

Das vorliegende Buch soll Geschichte und Gegenwart des Badewesens am Beispiel der Stadt München und ihrer Umgebung veranschaulichen. Von den unzähligen Bademöglichkeiten im übrigen Oberbayern, beispielsweise an den Seen des Alpenvorlands, sollen nur die Heilbäder beschrieben werden.

Das Buch soll nicht ausufern. Es stützt sich weitgehend auf bisher kaum beachtete Akten aus dem Stadtarchiv, aus dem Textarchiv des Süddeutschen Verlags sowie auf Zeitungsberichte und aktuelle Interviews des Verfassers. Erst bei der Recherche zeigte sich, dass die Badekultur immer auch von gesellschaftlichen und politischen Strömungen beeinflusst wurde. Und dass die Welt des Wassers, soweit sie der Mensch zu Spiel und Sport, zur Sauberkeit und Gesundheit nutzt, ein eigener interessanter Kosmos ist.

An dieser Stelle noch eine persönliche Fußnote: Zeitlebens habe ich nahe an Gewässern gelebt und in diesen gebadet. Erst drängt sich in meine Erinnerung ein mooriger, zauberhafter Tümpel bei einem Kinderheim im Landkreis Fürstenfeldbruck. Während des Krieges marschierte ich als Schüler mehrmals in der Woche von der Hochstraße hinunter ins Müllersche Volksbad, das ich nach dem Krieg auch als Mitglied des Schwimmvereins „Wasserfreunde“ regelmäßig besuchte. Seit 1941 wohne ich in der Widenmayerstraße, direkt am Ufer der Isar, an der mir wohl jeder legale und illegale Badeplatz ebenso vertraut ist wie, als Kanute, jede größere Strömung zwischen Scharnitz und Freising. Ich liebe meinen Fluss.

Karl Stankiewitz

Badstuben und Badehäuser

Salbadern im Padhaus

Seit dem 12. Jahrhundert sind private und öffentliche Bäder im christlichen Abendland nachweisbar. In manchen mittelalterlichen Burgen sind noch Spuren zu finden. Ritter-Epen berichten von heißen Quellen und vom *„wazzerpad"*. Lange zuvor hatte der Kirchenlehrer Augustinus in seinen – allerdings erst viel später bekannt gewordenen – Regeln bestimmt: *„Man biete den Kranken, so oft es ihnen guttut, ein Bad an, den Gesunden jedoch, vor allem den jungen, tue man es nicht so schnell."*

Für den gewöhnlichen, gläubigen Christenmenschen allerdings war die vorgeschriebene Taufe (siehe Kapitel „Kult- und Ritualbäder") zunächst die einzige Möglichkeit, ein „Bad" zu nehmen . Der heilige Hieronymus warnte noch vor allem die Frauen vor dem Wasserkontakt, weil sie damit ihren entblößten Körper sehen und Schaden an ihrer Seele nehmen könnten; nur in finsterer Nacht und hinter verschlossenen Fensterläden dürfe dergleichen geschehen. Andere fromme Mönche verbannten sogar das Waschwasser. Die heilige Elisabeth musste überredet werden, ihren Fuß zu benetzen.

Hildegard von Bingen, die Heilkundige, war da schon etwas fortschrittlicher. Sie empfahl jedermann als *„vorteilhaft, öfter im Wasser zu baden, außer er ist mager und dünn und es wird ihm leicht kalt oder warm, weil er ein dünnes Fleisch hat"*. In Klöstern folgte man den Vorschriften zur Körperpflege zunächst auch nur an hohen Feiertagen. In den Städten unterlagen Badestuben der amtlichen Genehmigung. Die Behörde legte auch die Preise fest; die Konzession hieß „Badestuben-Gerechtigkeit", vergleichbar mit der „Ausschank-Gerechtigkeit" für Gastwirte.

Öffentliche Bäder tauchten in der amtlichen Chronik der Stadt München erstmals, wenn auch nur mit wenigen Zeilen, im Juni des Jahres 1300 auf. Rat und Gemeinde vereinbarten damals mit dem Kloster Schäftlarn – welches ja bei der Gründung von *„Munichen"* eine Schlüsselrolle gespielt haben soll – die Zahlung von Steuern für ein klösterliches *„padhaus"* am Färbergraben, durch den der Färbergrabenbach floss (vielleicht bedurften die dort ansässigen Handwerker der Reinigung ganz besonders). Zehn Jahre später, als die Herzogsstadt ein ganzes Bündel von Verordnungen erließ,

Der Bader im Badehaus für Männer war „Mädchen für alles"

wurden in einer Reihe von Handwerksberufen erstmals und an erster Stelle die Bader genannt.

Diese Zunft hatte alle Hände voll zu tun (siehe auch Kapitel „Menschen im und am Wasser"). Denn in allen vier Vierteln des alten München entstanden Badstuben und Badehäuser für die Bürger der schnell wachsenden Stadt. Die Chronik kündet davon in Form von Ereignismeldungen. So besuchte Friedrich der Schöne von Österreich, ein Mitregent im Reich, 1325 mit Tochter Elisabeth das Frauenbad *„balneum Marie"* in der Engen Gasse (heute Löwengrube). Am Pfingstsonntag 1457 ließ Herzog Ludwig vier Gefängnisinsassen *„im pad fähen"* (fangen), und zwar *„von unzucht wegen"*. Am *„schmalzigen Samstag"* (vor Fasnacht) des Jahres 1471 ließ Herzog Albrecht IV. seinen Bruder Christoph im Bad gefangen nehmen, weil er ihn nicht mitregieren lassen wollte.

Beeinflusst wurde das Aufblühen der Badekultur nicht zuletzt durch die Kreuzzüge. Die heimkehrenden Männer mochten das Hamam, das orientalische Baderitual mit erwärmtem Wasser, Öl und Dampf, in ihrer kalten Zone nicht missen. Allmählich verbreitete sich dann auch die Kunde, dass ein Wasserbad nicht nur einfach wohltuend wirke, sondern vielmehr die Poren öffne und überflüssige Säfte aus dem Körper ableite, so dass sogar Krankheiten wie die Lepra geheilt würden.

Auf der anderen Seite wurde den Leuten von Doctores weisgemacht, dass durch die geöffneten Poren der Pesthauch oder die *„neue Seuche"* (Syphilis) ungehindert in den Körper strömen könne. Oder dass Warmbäder unter Umständen zu Wassersucht und Schwachsinn führten. Ja, Frauen könnten schwanger werden, wenn sie in Wasser badeten, in welchem sich zuvor Männer aufgehalten hätten. Zwar gab es noch längst keine wissenschaftliche Balneologie, doch einige Ärzte verstanden es, das Wasser lukrativ in Heilpläne einfließen zu lassen. Schon im 15. Jahrhundert wurden in München kalte Mineralbäder, Sole- und Schwefelbäder verabreicht. Und ganze Prozessionen zogen zu vermeintlichen *„Wunderbrunnen"* hinaus ins Dachauer Land. (siehe Kapitel „Heil- und Kurbäder").

Jungbrunnen und Badebordell

Kult, Kur, Kurpfuscherei – zeitgleich mit der Reformation schlug das Badewesen in den Städten wilde, ganz verschiedene Wellen. Allzu gern glaubten viele Bürger auch an eine verjüngende Wirkung des angewärmten Wassers. An manchen Badehäusern prangte der Spruch:

Jungbrunnens Zauberkraft ist nicht bloß Sage.
Jugendfrische gibt das Bad, zaubernd alle Tage.

Künstler haben solchen Zauber mit ihren fröhlichen „Jungbrunnen"-Bildern symbolisiert – oder propagiert (Lukas Cranach der Ältere hat diesen Mythos in zwei Gemälden dargestellt, das „Goldene Zeitalter" von 1530 ist ein Schmuckstück der Alten Pinakothek). Frauen reiferen Alters waren auf diese Weise besonders angesprochen. Sie durften das *„Magde Pad"* in der Regel unbekleidet betreten, während die Männer sich schamhaft ein *„Vortüchl"* um den Bauch binden mussten.

Auf Geschlechtertrennung wurde von vornherein peinlich streng geachtet. Nicht erst, nachdem Kurfürst Maximilian gleich nach dem Fasching von

Im Mittelalter glich manches Badhaus eher einem Bordell

1631 dekretiert hatte: *„Weibs- und Manns-Persohnen soll man nicht miteinander, sondern in unterschlagenen Cammern oder, wo die gelegenheit nicht dazue ist, zur besonderen Zeit baaden lassen."* Männer, die ein Frauenbad betraten oder auch nur hinein guckten, mussten mit Strafen wie beim Totschlag rechnen.

Das heimliche Beobachten badender Frauen – der Ausdruck Voyeurismus war noch nicht bekannt – muss im ausgehenden Mittelalter ein durchaus populäres Thema gewesen sein, hat es doch die größten der Alten Meister Süddeutschlands beschäftigt: Albrecht Dürer, Albrecht Altdorfer, Hans Baldung Grien. Bis zum Beginn der Neuzeit erschienen Badehäuser in Holzschnitten und Gemälden oft gleichsam als „Lustspielhäuser". Da wurde beileibe nicht nur gebadet, sondern auch getanzt, musiziert, diniert und geschmust. In seiner „Kulturgeschichte der Neuzeit" meint Egon Friedell kategorisch: *„Für die Freiheit des Geschlechtsverkehrs sind vor allem die Badehäuser charakteristisch."* Und er zitiert einen alten Badesegen: *„Für die unfruchtbaren Frauen ist das Bad das Beste. Was das Bad nicht tut, das tun die Gäste."*

Andere Kulturforscher haben allerdings festgestellt, dass solche Behauptungen eher Wunschbilder breiter Bevölkerungsschichten bedienten und weniger die nackte Wirklichkeit widerspiegelten. Tatsächlich scheinen regelrechte Bade-Bordells die seltene Ausnahme gewesen zu sein, jedenfalls im katholischen München. Dass es dennoch in städtischen wie in privaten Bädern nicht immer gesittet zuging, lassen die häufigen Verbote erkennen. Auch wenn diese meist mit Ansteckungsgefahr begründet wurden. Oder mit Feuergefahr. Die *„Schwitz-Hütten"*, wo alles aus Holz bestand, mussten natürlich gehörig eingeheizt werden. Eingerichtet waren sie ähnlich wie heutige Saunen: auf der oberen Bank war es am heißesten. Erst im 16. Jahrhundert bekamen viele der brandgefährdeten Badestuben steinerne Gewölbe.

Steuerbücher, Grundbücher und Seelbücher (kirchliche Dokumentationen) liefern lokalisierbare Hinweise auf die frühen Münchner Bäder. Bis gegen Ende des 15. Jahrhunderts waren es deren vierzehn. Erstmals wird 1440 ein sogenanntes Hundsfotbad erwähnt. Es stand bei der Hundskugel, (die heutige Stadtführer gern als ältestes Haus Münchens ausgeben) und hatte auch einen Garten. Allerdings handelte es sich nicht etwa um einen Vorläufer des späteren Hundebades. Zutritt hatten vielmehr sogenannte „Hundsföter", wie man arme Leute damals bezeichnete. Außerdem wurden hierorts arme Sünder vor der Hinrichtung gebadet. Die Besucher solcher „Seelbäder" mussten nichts zahlen und bekamen obendrein eine Mahlzeit; als Gegenleistung galt ein Gebet für den Stifter.

Mit Gratisbädern war die Stadt überhaupt großzügig. Handwerker bekamen für öffentliche Leistungen ein „Badgeld", entsprechend dem heutigen Trinkgeld. Zu verorten sind auch das Kreuzbad am heutigen Promenadeplatz, das Wierbad an der Lederergasse, das Spitalbad an der Rossschwemme (Rosental), das Isarwinkelbad an der Dultstraße, das „Rosenbad" im Krottental, im heutigen Rosental, das Gughanbad am Unteranger, das Scharpfen- oder Heinrichsbad am Anger, das dem Kloster Schäftlarn gehörende Schefftlbad am Färbergraben, das Schrammenbad in der Schrammengasse, das Herzogbad in der Nähe des Alten Hofes in der Graggenau am Thoratzbach, das Würbad in der heutigen Hochbrückenstraße, das Türlbad in der Ledererstraße, das Radl- oder Teckenbad am Radlsteg. 1492 erscheint in der Chronik, in Zusammenhang mit einem Brand, ein sogenanntes Eselsbad im Tal. Privilegien genossen die von Chirurgen betriebenen „Ehehaftbäder", deren im Grundbuch eingetragene Namen sich ableiteten aus *„eheher"*, also althergebracht. Für seine weiblichen Angestellten betrieb der Kaufmann Karl Vogt ein eigenes Frauenbad.

Im Bad waren alle Bürger gleich. Das bezeugten Sprüche wie: *„Außen Wasser, Innen Wein, lasst uns alle fröhlich sein"*. Sie unterschieden sich hier ja schon deshalb nicht, weil sie nackt waren. Der Münchner ging mit Frau und Hausgesinde ins Bad. Eine *„Gewandhüterin"* haftete den Badegästen für den Verlust von Kleidern. Als einziges Badeutensil trug der Badegast den aus Birkenreisern gefertigten Badewedel, zur Kühlung und zum Anregen des Blutkreislaufs durch leichte Schläge auf die Haut. Später trugen Männer und Frauen ein Unterkleid, darüber das *„Badehemd"*, das bei den Damen *„Badeehre"* hieß. Nur die Hofgesellschaft pflegte mit zeitgenössischem Gewand ins Wasser zu gehen, Damen mit kleinen Hütchen, Herren mit Federkopfbedeckung.

Mindestens fünf der bekannten Münchner Bäder besaßen „Rettungsapparate". Dazu gehörten in der Regel: ein weißer Wollmantel zum Aufwärmen, ein gerades und ein krummes Blasrohr zum Einführen in den Mund des Verunglückten, ein Fläschchen Salmiakgeist und etwas Tabak zur Wiederbelebung sowie eine Rebhuhnfeder zum Kitzeln des Gaumens, wodurch das verschluckte Wasser erbrochen werden sollte.

Noch etwas mehr Raffinesse wiesen sicherlich die Hofbäder auf. Erstmals 1434 wird ein *„hercogen pad"* erwähnt, weil dort (auf dem Areal der späteren Münze) ein großes *„fewr aufgangen"* war. Nahebei, auf dem Gelände des späteren Zerwirkgewölbes, befand sich das Alte Hofbad. Es hatte einen unterirdischen Zugang zum Alten Hof, war der Hofgesellschaft aber wohl nicht mehr fein genug, so dass Herzog Wilhelm 1598 seinen Abbruch anordnete. Später unterhielt der Hof eine Badeanstalt am heutigen St. Annaplatz.

Ein Bad beim Siechenhaus am Gasteig erwähnt die Stadtchronik erst 1598, als der verantwortliche Bader in den Schuldturm gesperrt wurde. Das zentrale Badehaus im spätmittelalterlichen München, ein frühes Beispiel kommunaler Sozialpolitik, befand sich offenbar im Innenhof des Heiliggeist-Spitals (am Viktualienmarkt) – neben Stallungen, einer Bäckerei, einer Brauerei, einer Gebärstube, einer Stube für Findelkinder und einer für die *„Sinnlosen“* (später Narren oder Irre genannt).

Wie hat man sich ein solches Bürgerbad vorzustellen? Im Mittelpunkt stand allemal ein großer Badezuber aus Holz, seltener aus Kupfer oder Messing, Stufen erleichterten den Einstieg. Zum Schutz vor Splittern war der Zuber oft mit einem Tuch ausgelegt. Mancher hatte einen Baldachin aus edlem Stoff. Das Wasser für das Bad musste von haus- oder gemeindeeigenen Brunnen oder aus einem Isarbach hergebracht und in großen Kupferkesseln über Feuer erhitzt werden. Daher waren auch Dampfbäder möglich, wobei Kieselsteine überschüttet wurden, wie in einer heutigen Sauna. Zum Standard gehörten außerdem eine Waschschüssel, um Gesicht, Hände oder Füße zu waschen. *„Wie oft tatsächlich gebadet wurde, ist unsicher“*, heißt es in einer alten Schrift. Es geschah aber eher selten, wie eine spätere Studie verrät.

Und schon Martin Luther hatte bemerkt:
„Wie wird das Wasser so unrein nach dem Bade!
Ja, ich hab's vergessen, dass Haut und Fleisch von Dreck sein.“

Badlose Zeiten

Der Dreißigjährige Krieg machte dem Badeleben vollends ein Ende. Zwei Jahre nach dessen Ausbruch verfügte der Stadtrat, alle *„gefährlichen Badstübl“* und solche, die mit Kohlen geheizt werden, seien *„gänzlich abzuschaffen“*, die Kistler durften keine Badstübl mehr ohne Erlaubnis der Obrigkeit in Häusern einbauen. 1634 wurde die Schließung aller Bäder angeordnet, nachdem die von spanischen Truppen eingeschleppte Pest ein Drittel der Bevölkerung hinweggerafft hatte. Im April 1644 endlich wurde *„ein große anzahl“* von illegalen Badstübl von Haus zu Haus *„zerschlagen“*. Ganze zweihundert Jahre gab es kein öffentliches Bad mehr.

Eine These aus dem Jahr 1655 warnte wieder einmal, wie im frühen Christentum, generell vor dem Baden: Es sei, außer aus dringenden medizinischen Gründen, nicht nur überflüssig, sondern auch sehr schädlich für die Menschen; es töte auch bei warmem Wasser die Frucht im Leib der Mütter.

Gänzlich verboten wurde das gemeinsame Baden von Männern und Frauen. Obendrein wurde das Holz, mit dem man die Badstuben befeuerte, von den Städten immer höher besteuert. Als Alternative zum Besuch des unterhaltsamen Badehauses verordneten die gelehrten Schulmediziner die *„Badekur"*, die – weil medizinisch verordnet – für den Badenden keine Gefahr darstellen sollte.

Natürlich gab es in der „badlosen", schrecklichen Zeit auch Ausnahmen. In den Schlössern und Palästen in und um München, das 1623 Residenzstadt eines Kurfürstentums geworden war, wurde die Badekultur weiter gepflegt. Die Feudalherren ließen sich luxuriöse Badesalons bauen, in welchen wohl auch zeitgemäße Galanterie ihre Spielplätze hatte. Da gab es Porzellan- und Schaukelbadewannen sowie die ersten Tropf- und Duschapparate. Für Reisen ließen sich die Herrschaften mobile Badewannen kunstvoll anfertigen. Als Gipfel barocker Repräsentation galt das eigene Badeschlösschen. Ein hervorragendes Beispiel ist das erste beheizbare Hallenbad der europäischen Neuzeit: die Badenburg.

Das Badeschlössl

Nach dem Vorbild der Badeanlage, die sich Frankreichs Sonnenkönig Ludwig XIV. im Schloss Versailles eingerichtet hatte, vielleicht aber auch angeregt durch die von seinem Kurfürsten Max Emanuel eroberten Türkenbäder, entwarf Friedrich Ludwig Sckell 1788 für den Nymphenburger Park ein Schlösschen mit einem genau 8,7 mal 6,1 Meter großen Bassin. Eine Sehenswürdigkeit, die heute bei kaum einem Parkspaziergang fehlt.

Das Schwimmbecken ist bis zu einer Höhe von 1,45 Meter mit blauweißen holländischen Kacheln verkleidet. Zum Schlafzimmer, zum Vor- oder Spielzimmer und zum Kabinett mit den chinesischen Wandtapeten führt eine Wendeltreppe, zum kleinen See hinaus eine von zwei steinernen Löwen bewachte Terrasse. Nicht öffentlich zugänglich sind die im Untergeschoss komplett erhaltene historische Heizanlage, eine Küche und ein Bade-Appartement mit Ruhebett und Nymphäum.

Zwar besuchten die besseren Leute das Bad in der Barockzeit gar nicht mehr so gern zum Zweck der Körperreinigung; sie pflegten sich lieber in der Toilette. Damen wie Herren puderten, parfümierten, schminkten sich

Die barocke Badenburg im Schlosspark von Nymphenburg

und stülpten üppige Perücken übers Haupt. Schweiß und Schmutz sollte die in Mode gekommene Leibwäsche aufsaugen, fürs Gesicht reichte auch das Taschentuch. Das (künstlich angewärmte) Wasser wurde, wie in der Antike, eher zum Spiel des Planschens benutzt, vereinzelt auch schon für den Sport des Schwimmens.

Doch es gab auch in dieser Zeit einige teure Warmbäder in Privathand. Das erste dürfte das 1781 in der Müllerstraße angemeldete „Gesundheitsbad Salus" gewesen sein. Detailliert berichtet der kurfürstliche Polizeidirektor Baumgarten über ein *„Hofbad auf dem Lehel"*: Inmitten von Obst- und Gemüsegärten standen zweistöckige Häuser mit 17 Badesalons. Der Clou: acht Räume konnten im Winter beheizt werden. In jedem befanden sich eine hölzerne Badewanne, ein Bett, ein Spiegel, ein Stiefelzieher und weiterer *„Comfort"*. Jeder zahlende Badegast bekam einen Bademantel und ein frisch gewaschenes Handtuch. Auf medizinische Verordnung hin wurden auch Milch-, Mineral-, Seifen-, Kräuter- und Stahlbäder verabreicht.

Dieses Hofbad konnte noch mit weiteren Innovationen aufwarten, welche heutige Erlebnis-Bäder gewissermaßen vorweg nahmen. Da gab es Regenbäder, Duschen (aus Italien oder Frankreich importiert) sowie ein erstes Flussschwimmbad. Hier konnte man sich aus zwei großen Kabinen und zehn Holzhüttchen hinaus treiben lassen in einen der vielen Bäche, die das Lehel einst durchzogen – und nach 1945 teilweise wieder freigelegt wurden. (Von der Nutzung der Wasserläufe als Bäder handelt das Kapitel „Fluss- und Bachbäder“).

Ein richtiges, schönes Bassin hat die kurfürstliche Badenburg

Die öffentlichen, bürgerlichen Bäder dagegen waren bis zum 18. Jahrhundert fast völlig verschwunden. Das hatte verschiedene Gründe: die Kritik der Kirche an den allzu freizügigen Wasserspielen, die nicht ausrottbaren Seuchen, das Ansteigen der Holzpreise und damit der Betriebskosten. Wer es sich leisten konnte, richtete sich seine private Badstube ein. Immerhin berichtet Oberst Adrian von Riedl 1796 in seinem „Reiseatlas“ von zwei öffentlichen Badehäusern: eines im Lehel, das andere vor dem Sendlinger Tor. Und er bemerkt, dass beide *„ebensogut zur Erholung als zur Gesundheit und Hilfe dienen“*.

Königsbad im Hotel

Es folgten die Aufklärung, das Königtum, die Ausdehnung und Verschönerung Münchens durch Ludwig I. Dessen opulentes städtebauliches Konzept sah zwar eine Fülle von pompösen Bauwerken vor, ihm fehlten jedoch drei wichtige gestalterische Elemente: Bäume, Brunnen und Bäder. Dass die neue Ludwigstraße kein bisschen Grün aufwies, war schon damals heftig kritisiert worden. Die Fontänen an dem Platz, der heute namentlich

Im Brunnen vor der Uni nahmen früher übermütige Studenten gern ein erfrischendes Bad

an die hier aktiv gewesene Widerstandsgruppe „Weiße Rose" erinnert, hatte Friedrich Gärtner nur gegen den Willen des Bauherren durchsetzen können; der König wünschte an dieser Stelle eigentlich einen triumphalen Obelisken.

„Der Monumentalbrunnen vor der Universität war in sommerlichen Nächten meine Badewanne", schreibt der damalige Physik-Student und spätere Volksdichter Ludwig Ganghofer in seinen Erinnerungen. *„Wenn ich spät vom Hofbräuhaus heimkehrte oder mit den Eltern im ‚Grünen Baum' an der Isar gewesen war und noch Verlangen nach Erfrischung fühlte, zog ich mich in der Schattendeckung aus und plumpste ins Bassin, pritschelte und plätscherte, gurgelte und spritzte ... und jagte einsam heim zappelnden Frauenzimmerchen einen panischen Schrecken ein."* Auch heute noch, wenn es ganz heiß ist, tauchen Studenten – mit oder ohne – in einen der vom Eisbach gespeisten Brunnen.

Der Bayern-König selbst hielt vom Baden wenig, so sehr er auch die Damenwelt beeindruckte. Nicht eine einzige Badewanne ließ er in den neuen Südflügel seiner Residenz einplanen. Stattdessen ließ er sich im ebenfalls neuen Hotel „Bayerischer Hof" zweimal im Monat ein heißes Bad zubereiten. Und zur Stahlbadkur reiste er mit seiner Lola Montez ins unterfränkische Bad Brückenau.

Es mussten erst drei Cholera- und drei Typhus-Epidemien die Stadt München heimsuchen, bis sich aus der Bürgerschaft heraus, sehr unterstützt von einigen Ärzten, ein neues Hygiene-Bewusstsein und damit einhergehend eine „Volksbadebewegung" entwickelte. Vorbild war die englische Industriestadt Liverpool, wo 1841 in einem Arbeitervorort – auch als Schlussfolgerung aus einer Cholera-Epidemie – die erste „öffentliche Badeanstalt" in Betrieb genommen worden war.

Frei- und Hallenbäder

Schwimmen für alle

Das Planschen und Schwimmen in Flüssen und nahen Seen genügte den Bewohnern der wachsenden, eng gewordenen Industriestädte Europas im 19. Jahrhundert nicht mehr. Und bald wollte die zwischen grauen Mauern erwachte, der Wanderlust vergleichbare Badelust auch im Winter ausgelebt werden. So entstand 1842 im britischen Liverpool die erste öffentliche *„Bade- und Waschanstalt für die arbeitende Klasse“*; sie hatte bereits zwei Schwimmbecken.

Auch in München, dessen Einwohnerzahl die Viertelmillion erreicht hatte, mochte man sich nicht länger mit einem Bad in der oft recht gefährlichen Isar oder der kleineren, aber nicht minder reißenden Würm begnügen. *„Infolge unserer klimatischen Verhältnisse ist die schwimm- und badelustige Bevölkerung neun Monate auf die mehr oder minder komfortablen Wannenbäder angewiesen“*, so klagten die Münchner Neuesten Nachrichten. Nicht zuletzt die Turner-Bewegung förderte das Schwimmen als Sportart.

Eine 1852 in München gegründete gemeinnützige Gesellschaft wollte das Kapital zum Bau von vier „Volksbade- und Waschanstalten“ nach englischem Vorbild aufbringen. Auch die Bezeichnung „Arbeiterbäder“ und das Motiv „Seuchenbekämpfung“ tauchten im öffentlichen Diskurs auf. Außerdem glaubte die die „Volksbadebewegung“, durch eine verbesserte Körperpflege auch die sittliche Verwahrlosung und den sozialen Unfrieden mindern zu können. Man stellte sich vor, die Arbeiter würden künftig ihre Freizeit lieber in einem gepflegten Bad als in ihren beengten Wohnungen oder im Wirtshaus verbringen.

Zeitlich noch vor Berlin, wo ein Dermatologe bald *„jedem Deutschen wöchentlich ein Bad“* verhieß, und noch vor Hamburg, wo durch Aktien und Spenden am Schweinmarkt ein Freibad finanziert wurde, eröffnete die Kgl. Haupt- und Residenzstadt München 1847 direkt neben der Isar den ersten öffentlichen Badepark, das sogenannte Schyren-Bad, 200 mal 20 Meter groß. Über das später so genannte Badbächl kam das kalte Wasser aus der Isar. In einem aufgestauten See wurde es zuvor durch die Sonne erwärmt. (Das flache Aufwärmbecken ist heute ein Teich im schönen Rosengarten).

Alte Aufnahme vom Schyrenbad, dem ältesten Freibad der Stadt

Anfangs durften allerdings nur Männer und Knaben das stadteigene Freibad benutzen und das sogar kostenlos. Erst 1938 wurde es zum „Familienbad" umgestaltet. Das erste Frauenbad war indes schon 1877 auf der Flaucherinsel „in angemessenem Abstand" vom Männerbad eröffnet worden.

Streng war die städtische Badeverordnung von 1905: *„Das Herumliegen auf dem Boden ist nicht gestattet."* Dafür gab es einen eigenen Liegeraum, wo aber das Lesen verboten war, denn *„dies könnte die Gehirntätigkeit beeinflussen"*. Es gab Verhaltensregeln zum Schutz gegen die Sonne (Kopftuch, Abbrausen) und gegen schlechtes Wetter (höchstens eine Viertelstunde im Regen bleiben). Und natürlich musste man sich anständig bekleiden, ein Schurz und dergleichen genügte für die Männer nicht. Das Zuschauen von draußen war ohnehin verboten.

Das Schyren-Freibad existiert heute noch. 2007 wurde es generalsaniert. Wegen seiner ungewöhnlich großen Grünflächen, wo 7.500 Badegäste bequem liegen können, seiner beiden 50-Meter-Becken und nicht zuletzt wegen seines Biergartens gehört die insgesamt 42.000 Quadratmeter große Anlage an der Claude-Lorrain-Straße nach wie vor zu den beliebtesten Freibädern der Landeshauptstadt. Natürlich ist sie des öfteren renoviert und inzwischen mit allen modernen Bäder-Errungenschaften ausgestattet worden, beispielsweise mit einer breiten Wasserrutsche und einem sogenannten Erlebnisbecken, aus dessen steinernen Liegen Wasser sprudelt.

Das Schyrenbad heute

Der Bäder-Boom

Ein junger Tuchmacher aus Württemberg, Johann Georg Frey, der 1850 im Englischen Garten das Anwesen eines Tabakfabrikanten gekauft hatte, errichtete dort eine Weberei (heute Lodenfrey). Und weil der Eisbach vorbei rauschte, fügte er gleich noch eine Attraktion für die vornehme Gesellschaft an. Sein Dianabad verfügte über drei kleine Schwimmbecken im Park, Quellwasser im Wintergarten, „Douchen" im Freien und sogar eine Art Wellenbad. Ein naturheilkundiger Arzt zog bald einen regelrechten Kurbetrieb auf, der aber 1865 eingestellt wurde. Der anschließende Vergnügungspark funktionierte auch nicht recht, so dass die Gebäude abgerissen wurden.

Doch der Bann war gebrochen, fortan boomte der Bau von privat finanzierten Bädern. Mit Hotel und Garten verbunden war das Marienbad in der Barerstraße 4. Zwischen Fraunhofer- und Badstraße planschte man in abgeleitetem Isarwasser des Hiemer'schen Bades. Ein erstes so genanntes „Volksbad" gab es in der Badstraße 15. Die Stadt selbst konnte immerhin mit dem Schyren-Bad trumpfen. Und schließlich gab es noch einige Badeanstalten, die hauptsächlich medizinischen Zwecken dienten. (siehe Kapitel „Heil- und Kurbäder").

Im Kriegsjahr 1870 meldete der *„Neueste Wegweiser durch München und seine Umgebung"* nicht weniger als neun Gebäude, wo Männer und

Einer der vielen Entwürfe für ein repräsentatives Bad

Frauen schwimmen konnten. Und es ging fröhlich weiter. Die Stadtverwaltung wurde mit Wünschen, Plänen und Modellen für Bade-Anstalten geradezu überschwemmt, das Stadtarchiv birgt die schönsten Entwürfe. Geld stand nach dem siegreichen 1870er-Krieg offenbar zur Verfügung. So erstrebte eine Aktiengesellschaft ab 1883 die Errichtung einer *„großen monumentalen Schwimm- und Badeanstalt für den Sommer- und Winterbetrieb mit durchaus gemeinnützigem und volksthümlichem Charakter"*.

Das erste größere Hallenbad Münchens eröffnete der Baumeister Georg Reininger im Jahr 1884 (nachdem andere Städte – Wien bereits 1843 – vorangegangen waren). Es stand in der Kanalstraße, und weil es von der Maximilianstraße nicht weit entfernt war, hieß es Maximiliansbad. Das Entrée war in *„orientalischem Stil"* gestaltet. Die Besucher erwartete in drei Stockwerken außer der 30 mal 20 Meter großen, mit glasierten Tonplatten verkleideten Schwimmhalle auch ein großes Dampfbad und ein römisches Bad mit je zwei Bassins sowie Wannen-Bädern und medizinischen Anwendungen. Das Wasser wurde auf dem Dach gespeichert.

Als das *„vorwiegend von besserem Publikum"* besuchte Bad dem Besitzer Wurstbauer zu teuer wurde, bot er es 1910 der Stadt als Frauenbad an. Doch der Magistrat wollte nicht einsteigen, *„wegen des Drängens der Bevölkerung, im Norden der Stadt ein großes Hallenbad zu bauen"*. Schwimmen unter Dach zu jeder Jahreszeit war längst zu einem dringenden Bedürfnis geworden, nachdem auch die berühmten Ärzte Robert Koch und Rudolph Virchow als Mitglieder eines Fördervereins die Bedeutung dieses neuen

Sports für die Volksgesundheit propagiert hatten. Die sogenannte „Brausebadpolitik" allein (siehe nächstes Kapitel) genügte den Münchnern nun auch nicht mehr. Seit 1886 beschäftigte die Ratsherren und Architekten die Idee eines *„großen Volksbades"*. Doch die Realisierung ließ auf sich warten, weil das nötige Geld fehlte.

Müllers Mäzenat

Da geschah ein kleines Wunder: Der wohlhabende Civil-Ingenieur Johann Karl Bernhard Müller schenkte der Stadt seine fünf Häuser im Wert von 1,5 Millionen Mark mit der Auflage, vom Erlös die längst geplante Badeanstalt zu erstellen. Also erstand ab 1897 auf dem südlichen Teil der „Kalkofeninsel" an der Ostseite der Ludwigsbrücke ein ungewöhnliches Gebäude mit dem bis heute offiziellen Namen „Müllersches Volksbad". Eröffnet wurde es als *„erstes kommunales Hallenbad"* am 9. Mai 1901.

Der nach längerem Suchen gewählte Standort an der Schnittstelle der Arbeiterviertel Haidhausen und Au entsprach ideal der Intention des Mäzens nach einem Angebot *„hauptsächlich für das unbemittelte Volk"*. Doch auch für die Stadtgestaltung, die dem genialen Theodor Fischer oblag, bedeutete das Projekt eine wichtige Bereicherung. Der Architekt, Professor Carl Hocheder, der bereits Schulhäuser, Kirchen und Industrieanlagen entworfen hatte, schwelgte in dem nach ihm benannten „Münchner Barock".

Das Bad glich äußerlich fast einer Basilika, ockergelb wie die Theatinerkirche. In Zusammenarbeit mit sechs Künstlern ließ der städtische Bauamtmann Hocheder, der später Stadtbaurat in Frankfurt wurde, außerdem Elemente des gerade aufblühenden Jugendstils in die schwungvoll aus Beton und Muschelkalk gestalteten Fassaden und Räume einfügen, was sich auch an den schmiedeeisernen Geländern, hängenden Lampen, eingefassten Fenstern, gewölbten Decken, hölzernen Kabinentüren, an Beschriftungen, Statuen, Kuppel und Turmuhr ausdrückt. Eine ziemlich einzigartige Stilmischung, die damals als *„Prototyp des neuen Jahrhunderts"* gefeiert wurde.

Die später gern verwendete Bezeichnung als *„Deutschlands schönstes Jugendstilbad"* halten die Stadtbild-Historiker Josef H. Biller und Hans-Peter Rasp zwar für ungenau, sie sehen in dem vielgestaltigen Bauwerk aber doch einen *„beachtlichen Beitrag zur Architekturentwicklung vom Historismus zu* *sachlicher Strenge"*. Jedenfalls handelte es sich um einen Komplex, der sich trotz seiner imposanten Größe sehr gut in die durchaus noch wilde Flusslandschaft unter dem Gasteig einpasste. Zugleich gelang es Hocheder, einen Funktionsbau zu gestalten, der zum Vorbild für den Bäderbau im Reich werden sollte. (Ein weiteres Volksbad mit zwei Schwimmbecken eröffnete im selben Jahr in Straßburg).

Gekostet hat das ganze „Jugendstil-Juwel" knapp 1,8 Millionen Goldmark, womit Müllers Schenkung mehr als verbraucht war. Die populäre Presse protestierte denn auch gegen das *„Verschwendungssystem unseres prächtigen Bauamtes"*. Die beiden Schwimmbecken in den hohen, lichten, heizbaren Hallen hielten lange Zeit einen deutschen Größenrekord: gut 12 mal 30 Meter misst das Männerbad, gut 10 mal 17 Meter das Frauenbad. Jedes hat einen separaten Eingang mit Wartehof und natürlich eigene *„Auskleidezellen"* sowie bequeme Kabinen. Man legte Wert auf *„thunlichst Trennung der Geschlechter von der Kasse ab"*. Erst 1989 (!) wurde die Trennung nach Männlein und Weiblein von Amts wegen aufgehoben.

Teuer war vor allem die Technik. Das Wasser wurde aus dem malerischen, knapp 50 Meter hohen, im Krieg ausgebrannten Turmhelm gepumpt.

Schönster Jugendstil: das Müllersche Volksbad

Energie und Dampf lieferten das benachbarte Muffatwerk (heute Veranstaltungszentrum). Das Volksbad bekam außerdem ein Dampfbad nach russischem Muster (heute eine moderne Sauna) sowie ein römisch-irisches Bad (der irische Arzt Richard Barther hatte diesen Typ eines Römerbades 1856 aus dem Orient nach Cork verpflanzt). Das originelle Hundebad, aus dessen Fenster immer ein Bellkonzert mit viel Dampf nach draußen drang, gibt es seit 1978 nicht mehr. Die elektrischen Lichtbäder sind auch längst Vergangenheit.

Zurück zur Gründung: Schon im ersten Betriebsjahr hat Münchens Müllersches Volksbad 411.315 Bäder *„abgegeben"* und bis 1911 haben sich die Besuchszahlen mehr als verdoppelt. Der Hallenbau war und blieb eine Sehenswürdigkeit, nicht nur für die Stadtbürger. Kein Geringerer als Kaiser Wilhelm II. wünschte, als er im September 1912 die Schackgalerie eröffnete, in diesem Gesundbrunnen des Volkes kurz mal baden zu gehen, natürlich tat es Majestät ganz ohne Volk (während sich sein Nachfolger, Reichspräsident Ebert, später einmal sogar in der Badehose ablichten ließ).

In den Jahren 1980 bis 1984 renovierte die Stadt das Volksbad für 2,8 Millionen Mark. Aus dem Wartesaal der Damen wurde ein Café, aus dem lauschigen Vorplatz wo die letzten Kastanien einer früheren Allee so schön

Gebadet wird auch vor dem Volksbad

Schatten spenden, ein Bistro. Sanierungen nach 1990 legten Deckengemälde und schönen Gewölbestuck frei. In einer Rede zur Neueröffnung 1992 wurde eine alte Weisheit verkündet: *„Baden ist nicht nur Schwimmen und Körperpflege, sondern auch die Reinigung von Körper und Seele."*

Das Ungerer

Am 30. Juni 1884 gab der Ingenieur August Ungerer per Annonce die Neueröffnung eines „Würmbades Schwabing" bekannt. Dem *„werthen Publicum"* sollten zur Verfügung stehen: *„Kaiserbassin und Quellengarten, zwei Tagwerk groß, Frottier-, Regen-, Fächer- und Schirmdouchen, Springbrunnen, Cascaden, 162 Kabinen und 500 freie Auskleideplätze* für Herren, ein Damenschwimmbad von 100 Metern Länge und 50 Kabinen". Für 20 Pfennige durfte man hinein oder, ohne Badezwang, einfach nur gucken. Die Anlage, die jede Minute mit 3.200 Litern *„krystallklarem"* Wasser aus dem Nymphenburg-Biedersteinerkanal gespeist wurde, war die größte ihrer Art in Europa.

Herrlich war das Freibad in einen Park mit großen Liegewiesen gebettet, die heute noch Platz bieten für bis zu 10.000 Wochenend-Gäste. Viktor

Das Ungererbad, 1910 von einer Schwimmlehrerin aufgenommen

Mann, der Neffe von Thomas Mann, rühmte Ungerer als *„einen der Erschließer Schwabings, als dort der große Wind wehte"*; in seiner Familiengeschichte *„Wir waren fünf"* beschrieb er die künstliche Landschaft recht detailliert:

„Das Bergwasser sprudelte von oben auf einem Tannenhügel in ein Becken, floss im ersten Sturz in ein kleines Felsbassin auf halber Höhe und in weiteren Kaskaden zu einem Bach, der sich durch Nadelwald und blumige Grasflächen schlängelte. Durch einen anderen Hügel führten Grotten in einen Felsengang, der halb mit Wasser gefüllt war. Welch ein Knabenabenteuer, sie zu durchschwimmen! Die Quellen speisten auch das ‚Froschbassin', ein großes Schwimmbecken mit einem riesigen grünen Frosch und einem Glasglockenspiel, und den ‚Luitpoldsee', eine Erweiterung mit idyllischen Inseln und rosenbehangenen Brücken. Das große, mit Sprunggerät aller Art ausgestattete ‚Kaiserbad', nämlich eine Verbreiterung des Kanals selbst, war dem Quellenhang vorgelagert."

Doch schon bald wurde dem Schwabing-Erschließer – er ließ auch eine elektrische Tram, die dritte in Deutschland, durch die Freisinger Landstraße trassieren – der Unterhalt seines Superbades zu kostspielig. Er schenkte es

Schwabings bekanntestes Bad: das Ungerer

1911 der Stadt, die es an der Traubestraße 3 unter dem Namen „Ungererbad" als viertes städtisches Sommerbad mit drei unregelmäßig geformten Becken und durch Strohmatten abgetrenntem Frauensonnenbad weiterführte und noch einiges Geld versenkte. Deswegen und weil für ein neues Würmbad 40.000 Mark fällig waren, konnte die Stadt auch nicht das Prinz-Ludwig-Bad finanzieren, für das sich im November 1910 ein Verein für volkstümliches Schwimmen stark machte.

Mit anderen privaten Betreibern wurden Verträge abgeschlossen, die es ermöglichen sollten, dass sich in deren Badewannen auch Minderbemittelte gegen ein kleines Entgelt in einer Zinkwanne oder unter einer *„Douche"* reinigen durften. Im Zähljahr 1911 hatte die Metropole des Königreiches Bayern vier Sommerbadeanstalten sowie, verteilt auf die Stadtbezirke, zehn Brause- und Wannenbäder (siehe eigenes Kapitel). Die Jahresstatistik meldete insgesamt 2.285.990 abgegebene Schwimm- und Reinigungs-Bäder, was auf mehrmalige Besuche vieler Münchner schließen ließ.

Das Dante

Die fünfte *„städtische Sommerbadeanstalt"*, die am 9. Juni 1913 zwischen Dantestraße und Homerstraße eröffnet wurde, erfüllte bereits Ansprüche des Wettkampfsports. (Das Gelände am Nymphenburger Kanal war zuvor als Militärbad genutzt worden). In diesem neuen „Dante" stand erstmals ein Becken mit 50 Metern Länge zur Verfügung, vier weitere kamen nach und nach hinzu. Von vornherein plante man hier ein Schwimmstadion für nicht weniger als 32.000 Zuschauer. Die Realisierung verzögerte sich aber wegen des Ersten Weltkriegs, so dass dessen feierliche Eröffnung erst 1928 neben dem Dantebad mit einem Sportfest der Jugend stattfinden konnte. Ein Anbau für Frauen und Mädchen folgte. Erst 1952 wurde das Dantebad von den Amerikanern freigegeben.

München schwamm gleichsam in einem gewissen Sportrausch. Im Mai jenes Jahres 1928 wandte sich eine Aktiengesellschaft namens „Schwimmbag" an den Stadtrat mit dem Projekt einer weiteren Schwimm-Halle. In einem Baublock an der Augustenstraße 20 bis 22 sollten auch Sole-, Moor-, Kohlensäure-, Schwefel-, Luftperl-, elektrische Lichtbäder und Inhalationen verabreicht werden. Sogar eine Gymnastikhalle war geplant. Mehr als zwei

Der Stadionbereich des Dantebades

Im Dante badet man auch im Winter

Millionen Reichsmark hätte das private Universalbad gekostet. Die Stadt wollte jedoch die beantragte Zinsgarantie für die Hypothek nicht übernehmen, sie kaufte vielmehr die vorgesehenen Grundstücke für eigene Zwecke.

Das Prinze

Feierlich und gleich auch sportlich wurde am 6. Dezember 1933 ein *„Schwimm- und Sonnenbad"* für 3.000 Personen eröffnet. Es war mit der ersten Freiluft-Kunsteisbahn Deutschlands kombiniert, auf deren Tribünen immerhin 5.000 Sitzplätze zur Verfügung standen. Aber weil ein Winter und kein Sommer bevorstand, sollte das *„neue europäische Sportzentrum"* (wie das NS-Zentralorgan „Völkischer Beobachter" schwärmte) erst einmal als Kampfstätte für Freiluftboxen genutzt werden. Und auf dem 2.200 Quadratmeter großen Kunsteis begann sogleich das Training der Eiskunstläufer – unter ihnen das spätere Siegerpaar Maxi Herber und Ernst Baier – sowie der Eishockeyspieler für die Olympischen Winterspiele 1936 in Garmisch-Partenkirchen.

Die Anlage in Bogenhausen glich anfangs einem Dampfer. Sie hatte Bullaugen in Türen und Wänden, Treppen wie im Bauch eines Dampfers, ein Geländer wie eine weiße Reling und vor allem großflächige „Sonnendecks". Es war ja auch ein Marineoffizier, der den Bau in den späteren 1920er-Jahren initiiert, finanziert und schließlich kommandiert hatte. Der Mann hieß Friedrich Krantz, er hatte an der Technischen Hochschule in München zum Doktor Ing. im Maschinenbau promoviert. Dank des Dollarvermögens seiner amerikanischen Frau Marian hatte es Krantz in der Inflationszeit zu einigen Immobilien gebracht, darunter eine Prachtvilla am Prinzregentenplatz 10.

Den Bau an der Prinzregentenstraße 80 begann der Unternehmer, der seiner Heimatstadt im Alten Botanischen Garten zuvor einen Kinder- und Jugendspielplatz gestiftet hatte, zunächst ohne Baugenehmigung. Natürlich hagelte es gleich Proteste. Vor allem im benachbarten Prinzregententheater fühlte man sich sehr gestört. Innenminister und Nazi-Gauleiter Adolf Wagner erteilte denn auch einen ablehnenden Bescheid, wegen der *„negativen baulichen, ästhetischen und verkehrlichen Aspekte"*, die im Entwurf der Architekten Regner und Ferber gefunden wurden.

Erstaunlicherweise gelang es dem von den Eissportvereinen unterstützten Ingenieur Krantz jedoch, ein Gipsmodell seines Projekts in Hitlers

Das Prinzregentenbad in den 1930er Jahren

Wohnung am Prinzregentenplatz aufstellen zu lassen. Dieses gefiel anscheinend dem Möchtegern-Baumeister, obwohl der – offiziell verpönte – Stil der Neuen Sachlichkeit unverkennbar war; Hitler verlangte nur kleine Änderungen, erteilte aber die höchstpersönliche Genehmigung zum Weiterbau. Der erfolgte zum Zweck der Arbeitsbeschaffung weitgehend in Handarbeit.

Noch 1936 konnte Krantz seine Sportstätte mit dem 1.000 Quadratmeter großen Freibad komplettieren. Ein großes Restaurant mit Panoramafenstern, Geschäfte und sogar ein Friseursalon kamen hinzu. Die Kombi-Anlage wurde in anderen Städten kopiert. Noch 1942 legte Krantz, inzwischen Korvettenkapitän, einen Plan für einen Anbau vor, für ein Wellenbad mit künstlichem Sandstrand. Seine jüdische Frau und seine Tochter Marion hatten sich derweil nach Amerika abgesetzt, die zweite Tochter nahm sich 1943 in München das Leben.

Inzwischen war „das Prinze", vom Krieg ziemlich verschont geblieben, zu einem der meistbesuchten Sport- und Freizeitzentren Münchens geworden. Ganze Schulklassen fanden hier regelmäßig ihren Auslauf. An manchen Tagen musste wegen Überfüllung geschlossen werden, Unfälle waren auch nicht selten. Immerhin gab es hinter den niedrigen gelben Fassaden viel zu

Das Prinzregentenbad nach der jüngsten Sanierung

sehen: Boxkämpfe (einmal mit Max Schmeling als Ringrichter), Basketballturniere, Rollschuhläufer, Ping-Pong-Spieler, Trampolinspringer, Sportler, Spanner und Stenze.

Das Prinze versuchte, hohe Ansprüche zu befriedigen. 1952 spielte erstmals ein Freilichtkino. Eine Attraktion waren auch für ältere Besucher nicht zuletzt die vielen hübschen Mädchen, die sich auf dem – wie Blasius der Spaziergänger lästerte – *„Nuttengrill"* sonnten, manche sogar busenfrei. Der Biergarten glich einem Bienenhaus. Unter den Eistänzerinnen konnte man Stars wie Luise Ulrich und Margot Werner ausmachen. Anfängern wurden kostenlose Eistanzkurse angeboten; ortstypisch war der spektakuläre, in der Kette getanzte *„Dipferl"*. Die Zuschüsse der Stadt stiegen, die Zahl der Besucher auch, im September 1958 begrüßte Werkreferent Anton Riemerschmid den Millionsten.

Nachdem noch zu Lebzeiten des 1959 in Philadelphia verstorbenen Ingenieurs Krantz über einen Verkauf und Abriss seines Stadions besorgt spekuliert worden war, drängte der für Jugendsport aufgeschlossene Münchner Stadtschulrat Anton Fingerle darauf, dass die Stadt am 1. April 1967 die Liegenschaft für 1,56 Millionen Mark in ihren Besitz brachte. In den 1990er

Jahren aber stiegen die Unterhaltskosten dermaßen, dass jeder der 113.000 Besucher jährlich mit 13 Mark subventioniert werden musste. Außerdem standen Sanierungskosten in Millionenhöhe an, so dass Stadtkämmerer Klaus Junger vorschlug, den Baugrund kurzerhand loszuschlagen.

Die UFA wollte den leck geschlagenen Dampfer demontieren und durch einen *„Prinzregentenpalast"* mit zwölf Kinos ersetzen, während die Gesellschaft für Stadterneuerung von einer *„Erlebniswelt"* träumte. Zehntausend Unterschriften, auch von Prominenten, Leserbriefe, Postkarten, Plakate *(„Demokratie geht baden")*, Wallfahrten und ein angestrebtes Volksbegehren zwangen die Stadtverwaltung dann doch zu einem Kompromiss: Verkauf nein, Abriss und Neubau ja. Und davon ließ sich die Stadt auch durch weitere Kundgebungen aus aller Welt, die den Erhalt der kombinierten Sport- und Spaß-Arena forderten, nicht mehr abbringen.

Im ersten Jahr des neuen Jahrtausends wurde der Dampfer dann also doch abgewrackt. Auch 73 Bäume fielen dem Bagger zum Opfer, nur das alte Restaurant blieb stehen. Und es entstand für 36 Millionen Mark ein nagelneues Prinzregentenstadion: glatt, kühl, nüchtern, noch sachlicher als vordem, viel Glas, dazu nun eine 1.300 Quadratmeter große Saunalandschaft und neue Arenen für Spiel, Spaß, Sport, Erholung, Events. Reichlich Platz ist da zum Schwimmen und Planschen für alle, zum Flanieren und Flirten für junge Leute, zum Fußball- und Fangermandl-Spielen für Kinder.

Das Nordbad

Schon 1934 hatte die Stadt ein Grundstück an der Schleißheimer Straße 36 bis 41 gekauft, auf dem im Oktober 1941 das Nordbad eröffnet wurde, gerühmt als *„Deutschlands größtes und modernstes Hallenbad"*. Karl Meitinger, von 1938 bis 1946 Münchens Stadtbaurat, entwarf nach der Vorgabe der Nationalsozialisten ein *„Stadion der Jugend"*, einen eher schlichten, neoklassizistischen Monumentalbau mit zwei Seitenflügeln und einem wuchtigem Säulenportal. Die Schwimmhalle bekam ein Becken mit 33,3 Metern Bahnlänge auf 13 Meter Breite, das durch eine Hubwand zweigeteilt werden konnte, einen Zehn-Meter-Sprungturm und eine Tribüne für rund 1.400 Zuschauer. Alles für Wettkämpfe bestens geeignet. Das Becken war mit Granit eingekleidet und mit einem Wellenbrecher ausgerüstet. Künstler

Außenbecken des Nordbades

schufen eine Bronzeplastik und schmückten die Wände mit Mosaiken und Majolika. Eine Blockhütte als Sauna und ein Schulbad wurden auch gleich eingebaut. *„Mit Kasterl"* kostete der Eintritt 35 Pfennige.

Hinter dem Hallenbad sollte eine von Bäumen umrahmte Liegewiese zum Sonnenbad locken. Doch der Krieg verdarb den Spaß und verwüstete die Sportstätte; 1944 stürzte das gewaltige Hallendach ins Schwimmbecken. Der Wiederaufbau, der sich bis nach der Währungsreform hinzog, war dann immerhin mit attraktiven Neuerungen verbunden. So konnte man durch zwei Fenster in ein Bassin mit Unterwassereffektbeleuchtung gucken, letzter Schrei waren Hollywoodschaukeln. In den 1990er-Jahren wurde das denkmalgeschützte Nordbad generalsaniert. Dabei erhielt es weitere Becken: sie dienen der Wassergymnastik, als Whirlpool und zum Spielen für kleine Kinder.

Dem Zeitgeschmack entsprechend, besitzt das Nordbad heute ein Fitness-, ein Aqua- und sogar ein Cardio-Center; all das soll dem Training, der Gesundheit, der Rehabilitation dienen. Im Saunarium gibt es nicht nur Schwitzbänke, sondern auch einen Wasserfall mit Vogelzwitschern und einen Sternenhimmel mit wechselndem Farblicht. Und im Außenbereich findet sich ein 34 Grad warmes Becken mit Strömungskanal, Massagedüsen und Sprudelliegen sowie eine weitere Sauna. Zum Programmangebot gehören Schwangerenschwimmen, Babyschwimmen, Wassergewöhnung für Kleinkinder und Schwimmkurse für Kinder sowie Wirbelsäulengymnastik und natürlich Massagen.

Badefreudigste Stadt

Zurück zum Wiederaufbau. In der kriegszerstörten Stadt hatten Sportstätten keine Priorität. Ganz andere Bedürfnisse standen im Vordergrund. 55 Prozent der Jugendlichen waren unterernährt, viele litten an Tbc oder an Hautkrankheiten. Wer wollte und konnte da schon baden gehen? Wohnungen und Wärmestuben waren erst einmal wichtiger als öffentliche Bäder mit Warmwasser. In seiner Denkschrift *„Das neue München"* erwähnte der alte und neue Stadtplanungschef Karl Meitinger Badeanstalten mit keinem Wort. Meitinger war Architekt des Nordbads. Im Stadtgespräch indes tauchte eben dieses auf, als dort Oberbürgermeister Karl Scharnagl im August 1947 bei einem Verein für Körperkultur *„ohne vorgeschriebene Badebekleidung"* gesehen wurde (siehe Kapitel „Sonnen- und Nacktbäder").

München sei *„nach der Statistik die badefreudigste Stadt Deutschlands"*, konnte im Juni 1950 die Süddeutsche Zeitung melden, die sich aber hauptsächlich auf das Müllersche Volksbad berief. 1951 berichtete dieselbe Zeitung, neue Wandverkleidungen der 48 Kabinen im Ungererbad böten keine Möglichkeit mehr, durch Astlöcher zu gucken. Einen gewissen Schwung bekamen die Schaulust und der Schwimmsport, als der Münchner Herbert Klein im Sommer 1952 bei den Olympischen Spielen in Helsinki eine Bronzemedaille im Brustschwimmen gewann.

Im Jahr darauf verzeichnete München bereits wieder stadteigene 15 Frei-, Hallen- und Bezirksbäder, die durchschnittlich 800.000 Besucher im Jahr zählten. Die wenigen Privatbäder, etwa in der Luisen- und in der Herrenstraße, waren bereits aufgelassen.

Im Oktober 1954 richtete die Stadt den Jahreskongress der Deutschen Gesellschaft für das Badewesen aus. Die obersten Bademeister konnten sich an die Brust klopfen: Rund 8.000 Freibäder und 5.000 Hallenbäder in der

Wasserrutschbahn im Michaelibad

Bundesrepublik, eine große Leistung, *„wenn man bedenkt, dass noch unmittelbar vor der Währungsreform von 1948 eine Badestube, ein Duschraum oder etwa die Neuanlage von medizinischen Bädern oder gar eines Stadions mit entsprechenden Schwimmsportanlagen ins Reich der Träume gehörten"*.

Michaeli- und Südbad

In der Hauptstadt des Binnenlandes Bayern jedenfalls sollten sich die Bäder seit den 1950er Jahren sprunghaft vermehren und verschönern. Damals erlebten die Deutschen ja ihr Wirtschaftswunder; sie entdeckten die Freuden der Freizeit und der Ferien in Warmwasserländern. Wenige Wochen vor dem Bäderkongress war in Ramersdorf das Ostbad eröffnet worden. Es kostete zwei Millionen Mark und sollte wieder mal die *„schönste und modernste Sommerbadeanstalt Deutschlands"* sein. Im Juni 1955 musste es in Michaelibad umbenannt werden, weil der Besitzer eines Haidhauser Privatbades wegen Namensähnlichkeit 22.000 Mark Schadensersatz verlangte.

Bis 1973 wurde ein Hallenbad mit olympischem Sportbecken und einer unterirdischen Sauna hinzugefügt. Seit einem weiteren Umbau im Jahr 2000 gilt das „Michaeli" mit seinen fünf Becken und 66.300 Quadratmetern Liegefläche als Prototyp einer modernen Landschaft für den ganzjährigen Freizeitsport. Dafür sorgen nicht zuletzt zwei Beach-Volleyball-Felder, eine Fußballwiese, ein Basketballbereich, ein Zehnmeterturm, eine 84 Meter lange *„Abenteuerrutsche"* und ein Restaurant.

Als Ersatz für das Sendlinger Tröpferlbad baute die Stadt an der Valleystraße *„ohne großen Luxus, aber mit allen technischen Raffinessen"*, wie Oberamtmann Otto Lux sagte, für 4,6 Millionen Mark das erste Stadtteil- und dritte Münchner Hallen-, Wannen- und Brausebad. Im Sommer 1960 wurde es unter dem Namen „Südbad" eröffnet. Neuartig waren eine Schallschluckdecke, die den in Hallenbädern üblichen Lärm deutlich mindern sollte, und eine riesige Panoramascheibe. Zweimal ist es seitdem schon saniert worden. Um Wassermenge und somit Energiekosten zu sparen, hat man einfach den Beckenboden teilweise mit Leichtbeton erhöht.

Ein Jahr nach dem Südbad – und spiegelbildlich zu diesem – ging in Laim das Westbad in Betrieb. Unter einer großen Glaskuppel bietet es heute

Schwimmbecken im modernisierten Südbad

Auch das Westbad hat ein großes Außenbecken

eine ungewöhnliche Kombination, alles zum Inklusivpreis. Außer einem Sport- und einem Erlebnisbecken mit 60-Meter-Rutsche, Strömungskanal und Wasserfall finden sich hier ein sogenanntes Sanarium mit einer Sauna-Insel, die auch eine Meeresklimakabine hat. Eine weitere Besonderheit ist das mit Salzwasser gefüllte und erwärmte Außenbecken. Auch im Sommer bietet dieses Hallenbad eine Liegewiese mit FKK-Bereich an.

Cosima und Olympia

Die Geschichte der Münchner Hallenbäder im letzten Drittel des 20. Jahrhunderts zeigte, dass kaum eine andere Dienstleistungs- und Sportstätte einem vergleichsweise schnellen Verschleißprozess unterworfen ist und daher so häufig erneuert werden muss. Ein gutes Beispiel ist das Cosimabad. 1980 war es im Stadtteil Bogenhausen eröffnet worden, als Münchens neuntes städtisches Hallenbad und erstes, bislang auch einziges Wellenbad. Es wurde von vornherein als *„freizeitgerecht“* beworben. Mehr noch: Der Sozialverband Deutschland hat es als besonders behindertenfreundlich anerkannt. Von 2014 bis Ende 2016 dauerte die Sanierung, es gab Probleme mit den Fundamenten und den Trägern.

Besonders deutlich wird die Dringlichkeit einer Sanierung beim jüngsten und modernsten dieser Großbäder. Als Teil des Olympiaparks, der ab 1967 auf dem Oberwiesenfeld gestaltet wurde, stand die von Günter Behnisch entworfene, zeltartige und transparente Olympia-Schwimmhalle mit ihren 2.000 Plätzen im Sommer 1972 im Blickpunkt der Welt. Mark Spitz brach hier sieben Weltrekorde und gewann somit sieben Goldmedaillen. Auch Turmspringer und Wasserballspieler feierten damals und später Triumphe.

Erst ein Jahr nach den Olympischen Spielen wurde die Olympia-Schwimmhalle für die Allgemeinheit geöffnet und mit ihr ein Gartenhallenbad mit Liegewiese, die an Sommerabenden mit Münchens größtem Open-Air-Kino lockt, mit weiteren fünf Becken, Sauna und Solarium. Verzögert hatte es sich, weil eine provisorische Tribüne abgerissen und stattdessen eine Glaswand eingebaut werden musste, weil die Wasseraufbereitungsanlage teilweise nicht funktionierte und der Boden starke Unebenheiten aufwies. Doch die Stadtwerke rühmten das *„Musterbeispiel nacholympischer Wertschöpfung“*.

Münchens größtes Bad: die Olympia-Schwimmhalle

Erst 2007 übernahmen die SWM *„Europas schönstes Garten-Hallenbad“* (so ein Kunst- und Kulturführer) von der Olympiapark GmbH. Im Mai 2016 begann auch in diesem jungen Bad die große Sanierung. Das wirkte sich fatal aus auf die Vorbereitung der Münchner Spitzenschwimmer für die Olympischen Spiele in Rio. Entgegen allen Erwartungen reichte es bei Alexandrea Wend und Florian Vogel nicht zu Medaillen. Beiden fehlten wichtige Trainingsstunden im „Olympia“. Immerhin ging dort der Badebetrieb weiter, weil beide 50-Meter-Becken durch Trennwände in eine Baustelle und einen provisorischen Badebereich getrennt werden konnten. Seit Mai 2017 solle dieser Hallenteil wieder komplett zur Verfügung stehen, während dann ein weiterer Bereich mit dem Sprungturm erneuert werde. Dazu gebaut werde ein Kinderbad mit Planschbecken, Rutschen und Schiffkanal, hieß es.

Neue Konzepte

Einen politischen Schub im Bäderbetrieb brachte im September 1970 ein Weltkongress namens „Interbad“ in München unter Schirmherrschaft von Bundeskanzler Willy Brandt. Als Präsident des Internationalen Arbeitskreises Sportstättenbau, stellte Innenminister Willi Meyer fest, dass sich die Bundesrepublik mit 872 Hallenbädern, 2.583 Freibädern und 1.214 Lehrschwimmbädern in Europa an die Spitze geschoben habe. Dennoch reichten die Bademöglichkeiten noch lange nicht aus. Immerhin mussten seit 1950 nicht weniger als 570 Bäder an natürlichen Gewässern wegen Verschmutzung geschlossen werden. Aus Gründen der Rentabilität – fast alle Bäder waren Zuschussbetriebe – wollten die Experten nach neuen Lösungen suchen, auch durch Forschungsaufträge.

Neuen Auftrieb bekam die städtische Bäder-Planung, nachdem im September 1974 ein neuer Stadtentwicklungsplan erstmals die Gestaltung der Stadt als Freizeitraum zum Ziel erklärt hatte. Festgestellt wurden Defizite in der vorhandenen Infrastruktur. Als vorrangig – noch vor den Grünanlagen und den kulturellen Einrichtungen – nannte der STEPL die Bäder. Um die Unterversorgung zu beheben, sollte zunächst das Freizeitverhalten der Münchnerinnen und Münchner untersucht werden. Freilich war das Planen und Bauen nur die eine Seite eines dringlich werdenden Konzepts. Als ebenso wichtig und kostspielig hatte sich schon seit langem der laufende Unterhalt erwiesen.

Die Vorstellungen der Bäder-Verantwortlichen, nicht zuletzt begründet mit dem Ende der 1970er-Jahre deutlich gewordenen Energieproblem, erforderten Einsparungsmaßnahmen. Sie deckten sich auch mit einer Analyse des Bayerischen Architekten- und Ingenieurverbandes. Dieser plädierte schon 1984 für *„weg vom rein Funktionalen"*. Anleihen aus der Epoche der römischen Thermen seien nicht zu übersehen. In Zukunft müssten beim Bäderbau weniger die zentimetergenauen Abmessungen der Schwimmbahnen als vielmehr die Regenerationsfähigkeit und Erlebniswirkung des Wassers im Vordergrund stehen. Zunächst kamen solche Prinzipien aber eher in privaten als in kommunalen Bädern an.

Es konnte allerdings nicht ausbleiben, dass die *„Badeanstalten"* neuen Ansprüchen nicht mehr genügten, dass sie vor allem Jüngeren als veraltet erschienen. Deutlich sanken die Besucherzahlen, nicht nur in München. Einige Städte konnten sich die nötigen Zuschüsse nicht leisten und mussten ihre unrentabel gewordenen Bäder schließen.

In München ging man mutig einen anderen Weg: Im Juni 1991 verabschiedete der Stadtrat das *„Münchner Bäderkonzept"*. Demnach sollten die großen Badeanstalten mit ihrer teilweise obsoleten Technik, die vorrangig sportlichen, gesundheitlichen und schulischen Zwecken dienten, nach und nach modernisiert und durch ein Netz von Stadtteilbädern mit *„zeitgemäßen Angeboten"* ergänzt werden. Motto: *„Bäder bieten mehr als Wasser"*.

So wurde das Nordbad vom Sportbad konsequent zu einem Freizeitbad um- und ausgebaut. Das alte Westbad in Pasing wurde ganz abgerissen, dafür entstand ein Familien- und Freizeitbad mit allem heute angesagten Pipapo; 2003 wurde der Neubau vom Olympischen Komitee für seine Architektur ausgezeichnet. Ähnliches geschah im Dante-, Michaeli-, Süd- und Cosimabad sowie zuletzt noch im Olympiabad. Das Freibad Maria Einsiedel verwandelten die Bäderarchitekten in ein schönes Naturbad, das kein Chlor und keine Filter mehr braucht.

Auch im schönen, alten Müllerschen Volksbad sind, bei strengstem Denkmalschutz, manch altmodische Teile verschwunden. Zum Beispiel die Schwitzbäder, wo man früher, bis zum Hals eingepackt, im grauen Dampf schmorte, dafür wurde eine *„Mitternachts-Sauna"* eingeführt. Heute erhebt sich genau an der Stelle, wo *Munichen* durch den Brückenschlag Heinrichs des Löwen entstanden sein soll, ein wahrer Badepalast, wo man weiß Gott nicht mehr nur schwimmt und planscht, sondern auch Gastronomie, Kunst und Kultur pflegt – bis hin zur Opern-Premiere, wofür extra ein Kunstrasen und wasserdichte Scheinwerfer installiert wurden.

Auf diese Weise hatten die Münchner Stadtwerke innerhalb von fünf Jahren über 150 Millionen Euro in die Modernisierung, den Um- und Anbau ihrer elf Hallenbäder und sechs Freibäder investiert. Das scheint sich auszuzahlen: Die Besucherzahlen stiegen von 1,4 Millionen im Jahr 1992 auf 2,3 Millionen im Jahr 1996, sie liegen jetzt stabil bei knapp vier Millionen. Auf der anderen Seite weist die Bilanz konstant ein zweistelliges Millionendefizit aus. Daran ist wenig zu ändern, weil die Eintrittspreise ihr sozialverträgliches Niveau behalten sollen. Die Bäderchefin Christine Kugler bezeichnete ihre Betriebe einmal als *„bedeutende Eckpfeiler der kommunalen Infrastruktur"*.

Eine weitere Ausdehnung und Differenzierung der schönen, neuen Badewelt ist derzeit von der Kommune allein kaum mehr zu stemmen. Außer der Finanzierung bildet auch der Platzmangel ein gewisses Hindernis. Findige Planer haben nun ein Projekt entdeckt, das derzeit in London realisiert wird und sich vielleicht nachahmen ließe: 35 Meter über den Straßen soll ein *„Sky Pool"* in den Himmel gehängt werden. Der Realisierung näher gekommen ist auch der Plan eines großen Isarbades (siehe Kapitel „Fluss- und Bachbäder"). Bei dem begrenzten Spielraum der Stadt sind private Initiativen im Bäderwesen mehr denn je gefragt.

Schwimmen wieder in

Inzwischen sind Überlegungen aufgetaucht, die an die Pionierzeit in der zweiten Hälfte des 19. Jahrhunderts und an das Münchner Bäderkonzept von 1991 erinnern. Konkrete Gedanken machen sich die Sportpolitiker einiger Parteien, und auch das Stadtbaureferat möchte *„das Wasser besser erlebbar machen"*, während die eigentlich zuständigen Stadtwerke auf die hohen Unterhaltskosten bei kaum vermehrbaren Einnahmen hinweisen. Also Schluss mit lustig? Die Phase der Spaßbäder sei eigentlich vorbei, begegnen die Stadtwerke den Visionen zum weiteren Ausbau des Gaudi-Sektors. Der Trend gehe wieder klar zum sportlichen Schwimmen, heißt es in der Bäderdirektion. Doch soll jedenfalls Fitness im Wasser („Aquatraining") und an Geräten im Angebot bleiben.

Spaß als Schwerpunkt genügt den Bäder-Verantwortlichen auch deshalb nicht mehr, weil sich herausgestellt hat, dass viele Kinder nicht schwimmen können, weil sie es nicht lernen. Das bringt zunächst ein gesundheitliches Problem mit sich und gefährdet auch die Sicherheit der Kinder. Auch allzu viele jugendliche Zuwanderer müssen vor dem Ertrinken gerettet werden.

Im Jahr 2014 sind, laut Deutscher Lebensrettungsgesellschaft, in Bayern nicht weniger als 79 Menschen beim Baden ertrunken. Eine der Ursachen sieht der DLRG-Sprecher Horst Auer darin, *„dass Schwimmen offenbar nicht mehr*

Im Fluss wird wieder gerne geschwommen, hier nahe bei der Kirche St. Maximilian

Auch in bisher verbotenen Abschnitten der Isar, wie hier, unterhalb des Deutschen Museums, wird neuerdings geschwommen

als Schlüsselqualifikation betrachtet wird". Diesem Trend will man jetzt aber gegensteuern. Immerhin hat München trotz der finanzpolitischen Engpässe und im Gegensatz zu anderen Städten, keine einzige der kostspieligen Schwimmhallen geschlossen, vielmehr entsteht in Riem sogar eine neue Außenanlage.

Im Oktober 2016 kündigten Bürgermeisterin Christine Strobl und das Sportamt eine *„Schwimmoffensive"* an. Die 32 Schul- und Lehrschwimmbecken sollen in den Ferien und an Wochenenden für Vereine geöffnet werden. Dort will das Sportamt spezielle Anfänger- und Schnupperkurse anbieten, nicht nur für Kinder, sondern auch für Flüchtlinge, Behinderte und wirtschaftlich Benachteiligte. Der Bevölkerung soll bewusst gemacht werden, wie wichtig das Bewegen im Wasser für Gesundheit, Sicherheit und Wohlbefinden ist – und auch schon in vergangenen Zeiten war.

Wannen- und Brausebäder

Sauber!

München platzte aus allen Mauern. Allein zwischen 1888 und 1919, während der Pfälzer Professorensohn Wilhelm Borscht im Rathaus regierte, hat sich die Bevölkerung mehr als verdoppelt, von 255.000 auf fast 650.000 gemeldete Einwohner. Industrialisierung, Zuwanderung und Eingemeindungen bedingten eine gewaltige Herausforderung. Die sozialen Zustände verschlechterten sich sprunghaft, die hygienischen Verhältnisse indessen trieben geradezu einer Katastrophe entgegen. Epidemien forderten zahlreiche Opfer: 1857 der Typhus, 1873 zum dritten Mal die Cholera, 1887 ein Masern-Ausbruch, besonders grassierte die „Armenkrankheit" Tuberkulose.

Ein Grundübel hatten verantwortliche Männer bald erkannt: Trotz der erfolgreichen Bemühungen des Hygiene-Professors Max Pettenkofer um eine zentrale städtische Wasserversorgung und -entsorgung fehlte es im privaten Bereich weitgehend an sanitären Einrichtungen. In den neuen, spekulativen Mietskasernen und in den kümmerlichen Herbergen der hinzu gewachsenen Vorstädte gab es so gut wie keine Möglichkeit zur gründlichen Körperreinigung. Allenfalls Waschzuber standen vielköpfigen Familien zur Verfügung, nur wenige Häuser hatten Etagen-Klosetts oder gar Badewannen. Nur in der Altstadt und in Bogenhausen besaß jedes vierte Haus den Luxus eines Privatbades.

Noch 1862 beurteilte der *„Physikatsbericht des Bezirks der Stadt"* den Durchschnitt-Bürger so: *„Seine Neigung zum Baden ist bei dem eigentlichen Münchner nicht weit her; es ist ihm schon zu unbequem, und dass es besonders gesund sein soll, leuchtet ihm nicht ein, sein ganzes Leben hat er nicht gebadet, oder nicht oft, und ist doch immer gesund geblieben."* Ein weiterer ärztlicher Bericht meinte sogar, eine *„große Zahl"* habe im ganzen Leben außer Gesicht, Händen und Füßen *„keinen Theil ihres Leibes gewaschen"*. Sauberkeit tat also Not. Sie beginnt im Kindesalter, sie kann angelernt werden.

Nachdem sich seit 1883 ein *„Komitee zur Errichtung einer gemeinnützigen Badeanstalt mit Schwimmbad für ganzjährigen Betrieb"* eingesetzt hatte, entschloss sich 1889 auch die Stadtverwaltung, das Stadtgebiet mit einer

Ein vornehmes Badezimmer um 1900

Reihe kleiner, dezentraler *„Volksbrause- und Wannenbäder"* zu versorgen. Ziel war es, jedem Viertel eine billige Badegelegenheit zu verschaffen, wobei die Arbeiterviertel bevorzugt wurden. Allerdings entschied man sich zunächst klar für das *„Reinigungsbad"* und gegen den zukunftsweisenden Typus des *„Regenerationsbades für alle Schichten und alle Badeformen"*.

Die Befürworter des reinen Reinigungsbades verwiesen auf die hygienischen Missstände und forderten mehr *„Volksbrausebäder"*. Sie lehnten die großen Schwimmbäder als uneffektiv und der Reinlichkeitsfrage nicht förderlich ab.

Die Reinigungsbad-Befürworter behielten zunächst Oberwasser, während sich die Anhänger moderner Regenerationsbäder mit Angeboten für Sport und Erholung noch eine Weile gedulden mussten. Zwei Männer wagten diesbezüglich einen Versuch, den auch Bürgermeister Borscht unterstützte: Der vorbildliche Pädagoge Georg Kerschensteiner, Stadtschulrat seit 1895, ließ von dem Bauamtmann Carl Hocheder, der später das Müllersche Volksbad entwarf, eine Reihe von Schulhäusern erstellen, die helle Räume, Werkstätten, Küchen und andere Vorzüge aufwiesen. Zu den dortigen Neuheiten gehörten Brausebäder. Das erste wurde 1888 im Keller der neuen Amalienschule eingerichtet. Weitere Schulduschen folgten. Der Besuch war für die Schüler freiwillig und unentgeltlich, wenn auch zunächst auf zwei Minuten beschränkt. In der Regel durfte während der Schönschreibstunden geduscht werden. 1898 wurde die Schülerbrause obligatorisch. Bis 1901 hatte München schon 22 Schulbäder.

Um die allgemeine Sauberkeit – und mutmaßlich auch die Arbeitslust – entscheidend zu fördern, entschlossen sich die Ratsherren 1889 zum Bau kleiner, dezentraler Volksbrause- und Wannenbäder. Das erste entstand noch im selben Jahr in der Frühlingsstraße in der Schönfeld-Vorstadt; hier wurde das Wasser in einem Heizkessel erwärmt. Die Idee war: Jeder Arbeiter sollte sich einmal in der Woche ein warmes, Reinigungsbad in der Nähe seiner Wohnung leisten können. Regelmäßigen Besuch garantierten die niedrigen Preise: Handtuch und Seife kosteten ein *„Fünferl"*, das Duschen nur ein *„Zehnerl"*, der Einstieg in die Zinkwanne dreißig Pfennige, wobei aber nur eine *„Maximalmenge"* Wasser eingelassen wurde.

Das Tröpferlbad

Die Bevölkerung übernahm den Ausdruck *„Tröpferlbad"* aus dem Wienerischen, bald gelangte er auch in den amtlichen Sprachgebrauch – und ins Repertoire der Volkssänger. Im Hinblick auf Berlin indes beschrieb „Meyers Konversationslexikon" von 1888 das *„Volksbrausebad"* folgendermaßen: *„Zellen von etwa 1,5 m Länge und 1,10 m Breite werden mit einer festen*

Das ehemalige Tröpferlbad am Bavariaring

Brause für warmes Wasser u. einer Schlauchbrause für kaltes (bei Frauenbädern auch für warmes) Wasser versehen ... Ein einfacher Ecksitz, darüber ein Kleiderrechen und ein kleiner Spiegel sowie ein in der Nähe der Brause befestigter Seifennapf vervollständigen die Ausstattung der Zellen. Diese Einfachheit, besonders aber das Fehlen jeden Badegefäßes und somit der Gelegenheit zur Ablagerung von Unreinlichkeiten und Ansteckungsträgern machen die Brausebäder namentlich vom hygienischen Standpunkt aus zu einer überaus geeigneten Form für Volksbäder. Durch Zusammenlegung einer größern Zahl von Zellen wird die Badeanstalt gebildet, zu deren Vervollständigung dann noch eine Wäscherei, Aborte und Gerätegelasse gehören."

Kurz hintereinander schuf die Stadt München in den einzelnen Vierteln zehn weitere Bäder dieser Art, vorzugsweise in Verbindung mit anderen kommunalen Einrichtungen, etwa der Feuerwehr. 1892 eröffnete in der Tumblingerstraße ein Bad mit elf Männer- und vier Frauenbrausen, das bald von den Beschäftigten des benachbarten Schlacht- und Viehhofs derart überlastet war, dass die Stadt in der Thalkirchner Straße ein weiteres Brause- und Wannenbad installierte, welches nun allen Anwohnern offen stand. Ehepaare bekamen gegen Vorzeigen des Trauscheins eine Doppelkabine.

Für das eingemeindete Arbeiterviertel Haidhausen entwarf Carl Hochder ein Feuerspritzenhaus mit geschwungenem Giebeldach, in dessen Hinterhaus er ein städtisches Brause- und Wannenbad einplante. 1894 wurde es in der Kirchenstraße 4 eröffnet, fast gleichzeitig mit dem Tröpferlbad am Bavariaring 5, das der spätere Stadtbaurat Hans Grässel – er plante auch mehrere Friedhöfe und sogar schon eine U-Bahn – für Familien im schnell wachsenden Westend baute. Auch an der Westenriederstraße entstand eine Volksbadeanstalt. 1901 meldete die städtische Statistik neun Brause- und Wannenbadeanstalten.

Nach dem Ersten Weltkrieg stiegen auch Privatleute in das nasse Geschäft ein. 1925 besaßen sie erst drei Bäder, 1933 bereits 32. Sie statteten diese etwas komfortabler aus und verlangten deshalb höhere Preise als die inzwischen 16 städtischen Brause- und Wannenbäder, wo sich die meist minderbemittelten Badegäste immer noch für 20 Pfennige unter der Dusche und für 45 Pfennige in der Wanne säubern konnten. Sie nannten ihre kleineren, intimeren Konkurrenz-Angebote auch nicht Tröpferlbad, sondern beispielsweise *„Bad im Regina-Palasthotel"*.

Das ehemalige Tröpferlbad in Haidhausen

Allmählich aber sahen die privaten Bademeister ihre Felle davonschwimmen. Denn immer mehr Neubauwohnungen bekamen eigene Badezimmer. Die eigene Wanne wurde zum Standard der modernen Wohnung – und zum Symbol der Sauberkeit. Einige Künstler haben sie sogar besungen:

Die Badewanne prahlte sehr.
Sie hielt sich für das Mittelmeer
Und ihre eine Seitenwand
Für Helgoländer Küstenland.
Die andre Seite – gab sie an –
Sei das Gebirge Hindustan

Joachim Ringelnatz

Jeden Samstag geht der nette, fette Vater
Einen Eimer Kohlen holen
Aus dem Keller für das Bad,
Dass er sau-,
Dass er sau-,
Dass er saubre Kinder hat.

Wolf Biermann

Das ehemalige Tröpferlbad in Schwabing, heute Theater am Sozialamt

Der Besuch eines Tröpferlbades samt umständlichem Anmarsch, Auskleiden und Ankleiden lockte die Leute kaum noch. Zumal auch die großen Hallenbäder reichlich mit Wannen, Duschen und außerdem mit Schwitzbädern ausgestattet waren, so dass man dort das Schwimmen mit dem Reinigen verbinden konnte. Als die Stadt nun gar noch ein neues, größeres Hallenbadprojekt plante, nämlich das spätere Nordbad, da glaubte die in Existenzangst geratene *„Vereinigung der Privatbadebetreiber"*, vor einer *„Überschwemmung der Stadt mit Bädern"* warnen zu müssen.

Hitlers Diktum

In einem Brief vom 11. November 1933 an den Magistrat wurde verlangt, *„sämtliche neuen Anstalten an Private zu verpachten"* und in den bisherigen städtischen Betrieben auf medizinische Bäder ganz zu verzichten. Der Vereinsvorsitzende Josef Kreitmair berief sich auf ein Diktum des neuen Reichskanzlers Adolf Hitler, wonach kommunale Betriebe keine Konkurrenz für die freie Wirtschaft sein dürften. Tatsächlich gelangte der Streitfall bis nach Berlin. Trotzdem war die Direktion der Münchner Badeanstalten so mutig, das Ansinnen als *„Anmaßung sondergleichen"* zurückzuweisen. Für eine Privatisierung bestehe *„nicht die Spur eines Bedürfnisses"*. Wegen der wenigen privaten Interessenten, die überwiegend kapitalistisch eingestellt seien, wäre es sicher nicht angängig, Tausende von Münchnern zu schädigen. Vergeblich warnte Kreitmair, jetzt müssten wohl die meisten Bäder schließen, was die Zahl der Arbeitslosen erhöhen würde. Im Oktober 1935 löste sich die Ortsgruppe München des Reichsverbandes für Badebetriebe sang- und klanglos auf.

Und den obsolet gewordenen Tröpferlbädern, den privaten wie den städtischen, lief gewissermaßen das Wasser aus. Es blieben ein paar museale Schaustücke. Soweit sie inzwischen nicht längst abgerissen wurden, konnten oder können einige dieser historischen Kleinbadeanstalten, nach entsprechendem Umbau, für ganz andere Zwecke genutzt werden.

Das Tröpferlbad in der Thalkirchner Straße hielt sich immerhin bis zum Jahr 1986 – als Unikum und als Jugendtreff des Vereins *„Freizeitliga Isarvorstadt"*. Rudimente sind noch zu bestaunen. Das eher einem kleinen Tempel gleichende Bavariabad steht heute isoliert auf einer Verkehrsinsel, lange diente es, besonders während des Oktoberfestes, als öffentliche Bedürfnisanstalt; inzwischen steht es leer und harrt einer künftigen Nutzung. Das Brausebad in der Haimhauserstraße indes wurde 1970 von den vielseitigen Schauspielern Philip Arp und Anette Spola durch eigenhändigen Einbau einer Bühne in das private *„Theater am Sozialamt"* (Tams) umgewandelt, dessen Spielplan gehört heute zu den anspruchsvollsten in München. Badetechnische Installationen zieren das Foyer.

Gauweilers Diktum

Besonders kurios klingt die jüngste Geschichte eines anderen Schwabinger Reinigungsbades. Im Olympiajahr 1972 mietete Manfred Krischer, ein in der Schwulenszene bekannter Gastronom, das 1910 eröffnete *„Türkenbad"* in der gleichnamigen Straße. Er steckte viel Geld hinein, um das einstige Tröpferlbad als Münchens erste Sauna nur für männliche Homosexuelle auszugestalten. Tatsächlich entstand ein Schmuckstück dieser Branche, das beliebteste seinesgleichen in der liberaler gewordenen Stadt. An Wochenendtagen drängten 200 bis 300 Männer hinein. Das Türkenbad, wie es weiter hieß, erlangte sogar einen weltweiten Ruf in der Gay Community. *„Unsere Gäste kamen bis aus Kalifornien"*, erinnert sich Krischer, der heute das Café Nil als *„öffentliche Wohnstube der Schwulen"* betreibt.

Er und seine Freunde hatten allerdings ihre Rechnung ohne Dr. Peter Gauweiler gemacht, der seinerzeit als Kreisverwaltungsreferent für die *„Wiederherstellung von Sitte und Ordnung"* zu Felde zog. *„Peter, wennst was werden willst in der Politik, dann muasst a Thema antreiben, das die Leut packt"*, soll der Parteiführer Franz Josef Strauß einmal seinem Adlatus geraten haben. Reizthemen des berühmt gewordenen „Saubermannes" wurden demnach die nicht mehr versteckten Prostituierten und die Homosexuellen, die zum öffentlichen Gespräch gerieten.

Eines Tages bekam Krischer von Gauweilers Amt einen Bescheid mit Auflagen: Offenhalten der Ruheräume, überall Scheinwerferlicht und vor allem keine Duldung sexueller Handlungen. Der Bescheid wurde ausgehängt. Polizisten in Lederwesten fanden bei ihren Kontrollen keinen Grund zur Beanstandung. Einmal stolperte sogar Gauweiler herein, versehentlich, er

Deutschlands größte und angeblich schönste Schwulensauna befindet sich heute im Hotel Deutsche Eiche

war bei einem im Haus wohnenden Redakteur eingeladen. Fortan war das einstige Brausebad – von gelegentlichen „Lichtausfällen" abgesehen – halt nur ein gemütliches, in der Szene bevorzugtes Anbahnungs- und Kommunikationszentrum. Es lebte bis 1988.

Inzwischen gibt es in München mehrere Saunen für Schwule. Und überhaupt: Statt der alten, dezentralen, sozial orientierten Wannen- und Brausebäder werben heute ein paar Dutzend „Sauna-Landschaften", „Wohlfühl-Oasen", „Spas" und ähnliche Badelusttempel der neuen Generation um Leute, die da nicht nur baden, schwitzen und relaxen wollen.

Durch *„abwechslungsreiche Events"* versuchen die Stadtwerke, ihre sogenannten *„M-Saunen"* als neue Stätten der Geselligkeit, um nicht zu sagen der Lustbarkeit, zu propagieren. Allein im November 2016 las sich das Angebot beispielsweise so: Bei einer Mitternachtssauna im Müllerschen Volksbad durften die Gäste bis 1 Uhr früh textilfrei schwimmen und sich beim Aqua-Floating entspannen. Bei einem Verwöhntag im Nordbad wurden Gesichtsmasken, Salze und Öle verabreicht. In der Olympia-Schwimmhalle sorgte ein DJ für *„Chillout und Deep House"*. Im Prinzregentenbad lockten

Panflöten zur *„sauna por la tarde del Peru"*. Das Bad im Forstenrieder Park lud zur Meditation in seinen asiatischen Zengarten. Und im Südbad gab's ein Lichterfest.

Wanne, Wonne, Wohlstand

Auch die privaten Bäder der neuen Generation erinnern nicht mehr an die früheren, wegen Wohnraummangels möglichst klein geplanten *„Nasszellen"* aus Vollplastik – und schon gar nicht an die noch früheren Wannen aus Holz, Zinkblech, emailliertem Eisen oder verzinntem Kupfer.

Schon im Olympiajahr 1972 hatten Münchner Designer ein sogenanntes *„Maisonette-Bad"* vorgestellt: ein Ensemble von verschiedenen, ineinander geformten Waschgelegenheiten aus Acrylglas. Eingeplant waren eine *„Toleranzzone"* und ein wasserabstoßender Fußboden. Das bereits industriell gefertigte Bad war eines der preisgekrönten Ergebnisse eines von einem Gestalterkreis der deutschen Industrie ausgeschriebenen Studiopreises *„Der Baderaum als sozialer Raum der Familie"*.

Das Badezimmer von heute ist ein nicht unwichtiger Trakt der schönen neuen Luxus- und Erlebniswelt geworden. Es soll Wohlstand anzeigen und Wohlbefinden vermitteln. Für Form, Material und Lage von Wannen, Becken und Duschen setzt die Fantasie keine Grenzen. Anscheinend vorbei ist aber auch die Mode mancher Neureicher, die so gerne in Wannen aus edelstem Marmor planschten und mit vergoldeten Armaturen und allerlei Schnickschnack tändelten.

Das moderne Funktionsbad – oder das etlichen Filmszenen abgeschaute „Traumbad" – ist vielmehr ein repräsentativer Teil des Projekts *„Smart Home"*. Die gewünschte Beleuchtung, Wassertemperatur, Beschallung und künstliche Sonne sind digital vernetzt und per Touchsystem steuerbar. In diesem Bad wird man morgens mit dem Sonnenaufgang oder mit seiner Lieblingsmelodie animiert, da bringt man das Badewasser durch sanfte Töne synchron zum Tanzen, da täuschen grün umrankte *„Tropical Rain Showers"* den Regenwald vor, da lassen sich körperliche Problemzonen mit Wasserstrahlen punktgenau massieren.

Die Heimsauna oder die Infrarot-Kabine, jeweils mit großer Glasfront, soll nicht mehr versteckt, sondern zum Blickfang werden, so wirbt ein an

Ein Badezimmer von heute - sinnlich, exotisch, manchmal utopisch

der Isar ansässiger Bäderhersteller. Sein Motto: *„Baden und Wohnen verschmelzen ineinander"*. Auch die private, intime Badekultur scheint also zurückzufinden zum antiken, römischen Vorbild (in welchem einige Historiker und Kulturkritiker allerdings auch ein Zeichen der Dekadenz erkennen wollen).

So wird aus der einstigen Nasszelle eine ganz private Wohlfühl-Zone innerhalb der eigenen Wohnung. Wenngleich auch hier, Zelle hin oder her, durchaus Platz gespart werden kann, etwa durch integrierte Waschtische oder schmale Dampfsäulen. Nicht gespart wird offenbar am Accessoire. Der europäische Marktführer, der die Stahl-Email-Wanne erfunden hat, bietet nicht weniger als eine halbe Million verschiedener Badeartikel an, von der *„Megawanne"* bis zu 40 Dusch-Varianten. „Strahlforscher" basteln an einer nicht spritzenden Dusche für Büro oder Schlafzimmer.

Spielerei und Spinnerei sind in der Branche der Wannenmacher natürlich auch im Spiel. Sechs renommierte Designunternehmen haben Bäder für sechs Prominente entworfen. Wie könnte Badkultur beispielsweise für die gern in Eselsmilch untergetauchte Kleopatra heute aussehen – vielleicht wie ein Thron in Form einer überdimensionalen Muschel? Für Charlie Chaplin, der Pools liebte, stellen sich die Bademodenmacher ein Planschbecken vor mit einem Pavillon in Form der bekannten Melone. Gearbeitet wird zur Zeit an einem *„Modell für Albert Einstein"*, der einst die Strände der Brandenburger Seen und der kalifornischen Küste nicht nur als Segler genutzt hatte.

Fluss- und Bachbäder

An Isar und Würm

Es darf vermutet werden, dass Männer und leichtsinnige Kinder von jeher allzu gern in die Fluten der Isar gestiegen oder getaucht sind, – um Mut zu beweisen, um sich abzukühlen oder sich von der *„Reißenden“* (so nannten die Kelten diesen Gebirgsfluss) ein Stück weit treiben zu lassen. Natürlich haben die Obrigkeiten diesbezüglich immer wieder dekretiert, kanalisiert, reglementiert. Seit dem 14. Jahrhundert taucht die *„Yser“* daher in der Stadtchronik auf. Allerdings ging es dabei noch nicht ums Baden sondern meist um Besitzverhältnisse, die Beseitigung von Hochwasserschäden, Handelswege oder Spektakel, wie am 1. Oktober 1666, als auf einer schwimmenden Bühne eine Oper aufgeführt wurde.

Die Bachläufe wie später auch die künstlichen Kanäle, seit dem 18. Jahrhundert zu Zwecken der Holztrift oder auf fürstliches Geheiß für das *„pure Pläsier“* in und außerhalb der Stadt angelegt, ermöglichten aber zunächst (lange vor dem gesondert beschriebenen Aufkommen der Wannen- und Brausebäder) den Betrieb häuslicher Bäder. Im *„Herzogsbad“* am Thoratzbach nahe dem Kosttor wurde 1471 der wegen seiner Stärke gerühmte Herzog Christoph auf Befehl seines Bruders Albrecht gefangen genommen. Auch das vom Pfisterbach gespeiste *„Thurleinbad“* beim Zerwirkgewölbe soll die herzogliche Familie besucht haben.

Früh schon wurden Unfälle gemeldet, wie etwa am 3. September 1478, als ein Kaufmann samt Floß und einem Fass Wein laut Stadtchronik *„abgesoffen“* war. Opfer forderten aber auch die vielen Bäche und Kanäle, die fast alle längst zugeschüttet und überbaut worden sind. Beizeiten wurde von Amts wegen vorgesorgt. Schon 1796 berichtete der Kartograph in einer genauen Zustandsbeschreibung Münchens: *„Weil bei so vielen Kanälen das Ertrinken nicht selten ist, so wurden verschiedene bürgerliche Wundärzte, die zunächst an Kanälen wohnen, auf öffentliche Kosten mit den besten Rettungswerkzeugen versehen, und selbst auf die Rettung eines Ertrunkenen wurde ein Preis gesetzt.“*

Für einen genüsslich-harmlosen Badebetrieb waren Isar, Würm und all die kleineren Zu- und Abflüsse des Stroms auch deshalb weniger geeignet,

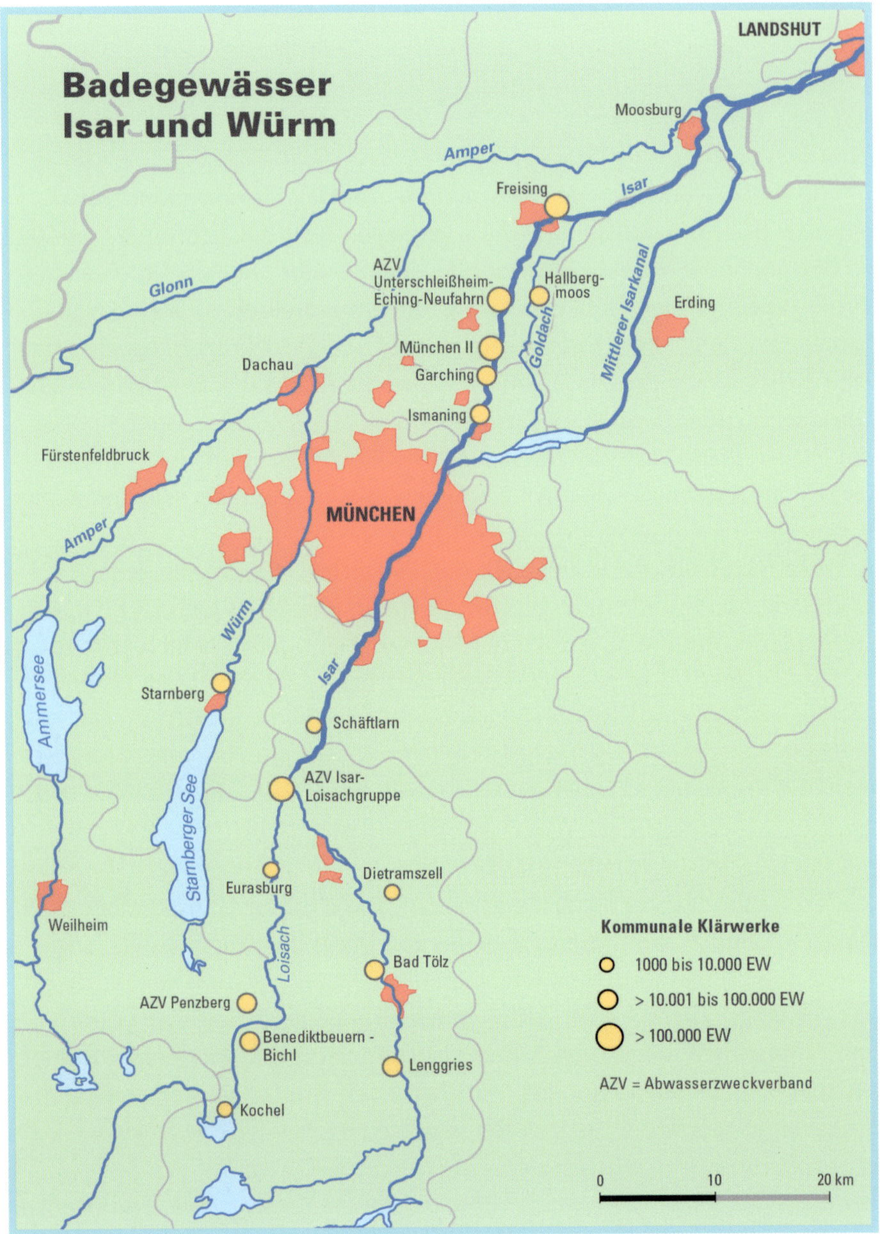

Offizielle Karte der Flüsse und Seen südlich von München, die aber nicht die Badestellen zeigt, sondern die Klärwerke

weil die Wassertemperaturen selbst im Hochsommer kaum je erträgliche 16 bis 18 Grad erreichten. Ende des 18. Jahrhunderts jedoch erlebte die bayerische Hochebene besonders heiße Sommer. Abkühlung boten die zahlreichen Fließgewässer in und nahe der Stadt, die anfangs nur stellenweise verbreitert und eingegrenzt wurden. Schnell kamen Badehäuschen hinzu.

Im Jahr 1782 errichtete der Wundarzt Xaver Gumpert an der heutigen Müllerstraße das ganzjährig betriebene Eisenriederische Gesundheitsbad. Das Wasser ließ er in einem benachbarten Waschhaus in Kupferkesseln aufheizen. Gumpert erfand auch die erste Schwimmschule. Vom Badehaus aus wandelte man durch eine Lindenallee zum Glockenbach. Unterrichtet wurde an Stangen und Gurten. Badezimmer konnte man wochen- und monatsweise mieten. Verpflegung und sonstige Bedürfnisse kosteten extra.

1799 bis 1888 entstand in der Baaderstraße 6 am Mühlbach ein Bad, das nach dem Neuhauser Stadtteil-Heiligen Wirnhier benannt war. In dieser Straße, die nicht etwa nach dem Philosophen Franz Xaver von Baader benannt ist, befanden sich noch weitere Bach-Bäder. Einige der Münchner Bachbadeanstalten waren auch gewissermaßen Nebenbetriebe von Ausflugs- und Gartenwirtschaften, so 1823 das Dianabad im Lehel an der bis 1900 bestehenden Altmünchner Wirtschaft *„Zum Himmelreich"*, es hielt

Das Gesundheitsbad in der Müllerstraße um 1880

sich bis 1909. Außer der Himmelreichstraße erinnert die benachbarte Dianastraße an die früheren Wasserfreuden im Eisbach.

Immer mal wieder wurde den Bürgern erlaubt, auch die noch ungezähmten Ufer und Auen der Isar zu nutzen, wenn auch nur zeitweise und stellenweise. So beschreibt der im Hauptstaatsarchiv verwahrte *„Königlich Bayerische Polizey-Anzeiger von München“* für 1834 mehrere Badeplätze: einer mit drei bis vier Fuß Tiefe *„am Fußwege, der über die Isar-Inseln nach Harlaching führt“* sowie ein Stück Altwasser *„ungefähr 1.000 Schritte oberhalb der Reichenbach-Brücke“*, das von Schlamm und Moos frei und von Gebüsch umgeben war. Am Eisbach hatte ein dortiger Wirt sogar ein richtiges Flussbad eingerichtet. Er bot sogar einen Sprungturm, verlieh Schwimmhosen und beschäftigte einen *„des Schwimmens kundigen“* Aufseher. Drei Kreuzer kostete die Gaudi.

Der Flaucher

Auch außerhalb der wenigen Toleranz-Zonen entstand im Laufe der Zeit an besonders idyllischen Uferabschnitten südlich der Stadt zwischen Gebüsch, auf Sand- und Kiesbänken eine ganze Kette von wilden Stränden, denen die Zeitungen gern den Kosenamen *„Isar-Lido“* gaben. Der beliebteste Ruhe-, Rummel- und Tummelplatz entwickelte sich beim Dorf Thalkirchen. Mitten im Auwald eröffnete der Schankwirt Johann Flaucher 1870 eine Bierwirtschaft. 1875 spannte man einen hölzernen Steg über den kaskadenreichen Fluss. Weil das Geländer oft verfeuert wurde, musste Extra-Hartholz aus Afrika verbaut werden. Vom Flaucher bis zur Braunauer Eisenbahnbrücke wurde das Baden bald erlaubt und allsommerlich ausgeübt. Dies ist noch heute Münchens beliebtester, an heißen Tagen völlig überfüllter „Badestrand“. Er bietet auch einiges mehr als das Eintauchen ins kalte Nass: Kiesinseln für die Kleinen, Gebüsch, die schönsten Kaskaden, einen lauschigen Steg und einen traditionsreichen Biergarten.

„Willkommen, edler Gebirgsfluss, willkommen in deiner Heimat,
in der Haupt- und Residenzstadt München.
Endlich haben deine Wogen unsere Stadt berührt,
und wir alle freuen uns, des großen Nutzens,

der Stadt wegen, den wir durch dich bekommen.
Du gibst uns einen großartigen Aufenthaltsort für unsere armseligen Fische,
wir können in dir baden.
Die schöne, grüne Isar, sie lebe hoch!"

Karl Valentin

Kurz vor der Wende zum 20. Jahrhundert wies München in Reiseführern neun offizielle Flussbäder nach: drei an der Isar und fünf an der Würm. Einige wurden bald wieder geschlossen, weil sie sich als veraltet oder unrentabel erwiesen, andere kamen hinzu. Geduldet wurde das Baden außerdem zwischen dem Müllerschen Volksbad und dem Kabelsteg, und das wird heute noch polizeilich geduldet, obgleich es eigentlich verboten ist. Denn die große Schleuse zwischen Kleiner und Großer Isar erzeugt Strudel und Strömungen. Jedenfalls galten die Kiesbänke zwischen Damm, Ludwigsbrücke, Volksbad und Muffatpark, die je nach Wasserstand ständig neue Liegeflächen und Flachzonen bilden, bislang als größter und beliebtester City-Lido.

Der Flaucher mit seinen Kiesbänken, die sich immer wieder verändern

Maria Einsiedel

Gegen Ende des 19. Jahrhunderts nutzte der Besitzer des Ansitzes Maria Einsiedel die Flusskorrektur mittels Buhnen und Büscheln, um die Floßlände, die weiter nördlich den Stadtausbau behinderte, auf einen trocken gefallenen Uferstreifen zu verlegen. Und am 12. Januar 1899 genehmigte das Bezirksamt hierorts ein Freibad. Noch im selben Jahr eröffnete „Maria Einsiedel", das heute als das schönste Flussbad Deutschlands gepriesen wird. In ganzer 400 Meter Länge wird es von einem Isarkanal durchflossen. Nicht weniger als 3,3 Millionen Euro haben jüngst die Erweiterung und Modernisierung verschlungen. Unter den Liegewiesen wurden zwei Kiesbodenfilter verlegt, so dass künftig auf Chlor und andere Chemie verzichtet werden kann.

Am 6. Juni 2008 wurde Maria Einsiedel als hundertstes „Naturbad" Deutschlands neu eröffnet. Die Qualität des Wassers übertrifft jetzt die der besten Badeseen, die Wassertemperatur hingegen liegt mit 22 Grad unter den sonst üblichen 24 Grad. Eines der beiden, durch einen Schwimmkanal verbundenen Becken ist mit grüner Folie ausgelegt, so dass man sich wie

Maria Einsiedel, das hunderste „Naturbad" Deutschlands

in einem natürlichen Teich fühlt. Im Übrigen locken: nach Geschlechtern getrennte FKK-Bereiche, ein alter Baumbestand, ein Biergarten und sonntags die bierselige Ankunft der Freizeit-Flöße.

Die Floriansmühle

Würmkanal und Schwabinger Bach vereinigen sich im Norden der Stadt zum Garchinger Mühlbach; dieser ergießt sich mit einer langen Welle seit 1932 in das Familienbad Floriansmühle in Freimann. Hier fanden nicht nur die Beschäftigten vom benachbarten Bayerischen Fernsehen die Möglichkeit, alle Hektik hinweg zu spülen. Der Filmemacher Dominik Graf dokumentierte *„das schönste Freibad aller Zeiten"*. Aber 1994 riss der Film. Der private Betreiber wollte verkaufen, die Stadt wollte nicht zugreifen. Vielmehr kam *„die Mühle"* in den Besitz der Hypovereinsbank, die zunächst ein Sportbad plante, davon aber wieder abkam. Und so verwilderte das schöne Bad. Aus den Beckenböden sprießen Birken, überall Rost, Bretterbuden, Wildnis

Das traurige Überbleibsel der Floriansmühle

hinter übermannshohen Zäunen, die mit doppeltem Stacheldraht bewehrt sind. Immerhin bemüht sich die SPD-Fraktion im Stadtrat, das 50.000 Quadratmeter große Gelände aufzukaufen und in ein ökologisches Freizeitareal zu verwandeln: *„Wir warten nur auf den Prinzen, der das Dornröschen wachküsst."* Zur Zeit herrscht aber Uneinigkeit zwischen Bezirksausschuss und Stadtbauamt über mögliche Zukunftsperspektiven des verwahrlosten Geländes. Im Gespräch ist u.a. eine Wohnsiedlung mit Golfplatz.

Dafür soll die Würm nun an zwei anderen Stellen wieder zum gefahrlosen Bade laden. Fast eine halbe Million Euro hat es sich die Stadt kosten lassen, das heruntergekommene Sommerbad von Allach in eine Naherlebniszone zu verwandeln, wobei das Wasserwirtschaftsamt die Öffnung eines 180 Meter langen Seitenarmes der Würm für den Badebetrieb öffnete. Im Westen des Schlossparks von Nymphenburg indes will man den Schlosskanal als Kneipp-Anlage nutzen. Und zwar im Bereich des *„Nymphenbades"*, das im 19. Jahrhundert als Kgl. Bayerische Militärschwimmschule gedient hatte.

Die Georgenschwaige

Seit 1833 bereits existiert Bad Georgenschwaige am Würmkanal, der von der Würm in die Isar fließt. 1926 hatte die Stadt das private Freibad am Riesenfeld in Schwabing übernommen und *„für den kleinen Geldbeutel"* hergerichtet: Zwei Becken, Liegewiese, Wirtsgarten. 1934 wurde es vom Stadtbaurat Karl Meitinger um ein richtiges Schwimmbecken und einen Sprungturm erweitert. Besonders familienfreundlich ist die Georgenschwaige bis heute geblieben. Es gibt sogar einen Mutter-Kind-Bereich.

Übrigens sind auch das Dantebad und vier Becken des Schwabinger Ungererbades mit Würmwasser gefüllt (siehe Kapitel „Frei- und Hallenbäder"). Mehrere Würmbäder sind verschwunden. So das kleine Nymphenbad am Würmkanal in Pasing, wo Prinzregent Luitpold als eifriger Wasserfreund zu baden pflegte, und das Allacher Sommerbad, an dessen Stelle 2016 ein Seitenarm geflutet wurde, so dass hier ein kleiner Freizeitpark entstehen kann.

Die Würm speist auch den Nymphenburger Kanal, der sich von Pasing aus um den nördlichen Stadtrand schlängelt. Kurfürsten hatten ihn als Sichtachse zwischen ihren Schlössern graben lassen. An vielen Stellen wird der Kanal mit seinen schönen Uferwegen heute noch zum Spaziergehen

Die Georgenschwaige ist nicht immer so menschenleer

Eines der kleinen, wilden Würmbäder, das Würmbad Planegg

und im Winter zum Eislaufen und Eisstockschießen genutzt, aber nicht mehr zum Baden. Das war früher anders. Der Schwabing-Historiker Dr. Willibald Karl hat acht private, teilweise recht anspruchsvolle Badeanstalten im acht Kilometer langen Verlauf des Nymphenburger Kanals ausfindig gemacht.

Außer dem schon erwähnten Ungererbad und der Militärschwimmschule gab es beispielsweise an der heutigen Kreuzung der Leopoldstraße mit dem Petuelring das Ludwigsbad, das sich der Bogenhausener Großbauer Kaffl leistete, und das Germaniabad (an der Einmündung des Kanals in den Schwabinger Bach am Biederstein), das der Lodenkönig Frey an der damaligen „Schwarzen Lache" im üppigsten Gründerzeitstil 1876 erbauen ließ. Es musste schon 1897 wieder schließen, weil das Wasser für Industriebetriebe gebraucht wurde, die rund um den Güterbahnhof (Nordbahnhof) aus dem Auboden schossen. Die anderen Bäder überlebten immerhin den Ersten Weltkrieg.

Der aus dem Starnberger See kommende Würmfluss selbst wird (etwa zwischen Krailling und Gräfelfing) immer noch gern zur Erfrischung genutzt, auch wenn er manchen Schwimmern doch ein bisschen zu kalt und vor

Auch das schöne, private Germaniabad ist längst der Straßenplanung zum Opfer gefallen.

allem zu schnell ist und nicht viele „Anlegestellen“ hat. Grundsätzlich gilt Badeverbot für das schöne Flüsschen im Westen der Stadt.

Probleme und Projekte

Das freie Baden in Münchens Flüssen musste natürlich zu Konflikten führen. Zwar wurden die organisierten Naturschützer erst viel später aktiv und Grillpartys gab es noch lange nicht, doch die Isarfischer hatten schnell ein paar Störer am Haken. Und des öfteren gab es Ärger wegen mitbadender Hunde. So zeterten Leser im Juni 1930 in den *„Münchener Neuesten Nachrichten“*, weil unter dem Alpinen Museum den Zamperl freier Lauf gelassen wurde. Wasseramt und Brunnenbauamt befassten sich mit dem Problem. Nach einem Jahr stellte die SPD-Fraktion im Stadtrat fest: *„Die Isar ist ein öffentlicher Fluss. In ihr ist also grundsätzlich das Schwemmen der Hunde jedem gestattet.“* Man ließ die Tiere also nicht schwimmen, sondern *„schwemmen“*.

In der Hauptsache aber waren und sind es immer noch die Tücken der „Reißenden“, die den Aufsichts- und Genehmigungsbehörden die größten Probleme bereiten. Erstmals am 11. Juni 1718 meldet die Stadtchronik: *„Am Hirschangerpaad ist ein Student ertrunken und wurde tagelang von mehreren Fischern gesucht.“* Und der *„Völkische Beobachter“* berichtete 1935: *„Die Isar fordert infolge der reißenden Strömung und der vielfachen Wirbel jährlich zahlreiche Opfer.“* In fünf Freibädern wurden alsbald *„Rettungsapparate“* installiert.

Prekär wurde die Lage nach dem Zweiten Weltkrieg. Die Sommer waren heiß, die Münchner entdeckten die Freizeit neu. 1949 ertranken am längst „verbotenen“ innerstädtischen Flusslauf zwischen Reichenbach- und Bogenhausener Brücke innerhalb von sechs Wochen zehn Menschen, über 150 wurden verletzt. Wie viele gerettet werden mussten, verschwieg der Reporter. An allen Brücken wurden daraufhin Rettungsringe zum Hineinwerfen angebracht. *„Um der Bevölkerung den Weg zurück zur Vernunft leicht zu machen“*, ließ die Stadtverwaltung auf den Verbotstafeln die Gründe für das Verbot des Freibadens angeben.

An manchen Badestellen der Isar oder anderer Fließgewässer Münchens versammeln sich viele Menschen nicht um zu baden, sondern um dem feuchtfröhlichen Spektakel einfach nur zuzuschauen.

Der nasse Tod

Zum Kampf gegen den grassierenden nassen Tod bezog die dem Bayerischen Roten Kreuz angegliederte Wasserwacht einige Standorte. Die Polizei stellte einen Lautsprecher- und einen Funkwagen zur Verfügung. An einem Wochenende waren drei Tote aus der Isar geborgen worden und einer aus dem Langwieder Autobahnsee, in 83 Fällen mussten die freiwilligen Retter Erste Hilfe leisten. „Die Reißende" erwies sich weiterhin als mörderisch.

Im heißen Sommer 1956 wurden wieder 221 Ertrunkene registriert, ein trauriger Rekord. Immerhin, mit der Verbesserung der schulischen Schwimmausbildung, der Überwachung und der organisierten Hilfe gingen die Unfallzahlen allmählich zurück. Für das Jahr 2015 musste die Kreiswasserwacht München, die allerdings nicht nur an der Isar eingesetzt ist, nur noch einen Todesfall und sieben Lebensrettungen melden. Und dies bei nicht weniger als vier Millionen Gästen in städtischen Bädern.

Neben der – nie hundertprozentig erreichbaren – Sicherheit spielte auch die Temperatur des aus dem Karwendel kommenden Flusses eine Rolle bei der amtlichen Beurteilung von dessen „Badetauglichkeit". So hat die Regierung von Oberbayern noch Anfang der 1980er-Jahre die Einstufung der Isar als *„Badegewässer im Sinne der EG-Richtlinie"* mit dem Argument verneint, es handle sich um ein *„sommerkühles Fließgewässer"* und daher zum Baden nicht geeignet.

Außerdem tauchte 1987 die Frage nach der Sauberkeit, also der eventuellen Gesundheitsgefährdung auf. Obwohl festgestellt war, dass die Isar *„dreckiger als erlaubt"* sei, sah Bayerns Innenminister August „Gustl" Lang keinen Handlungsbedarf. Was den Münchner Behörden ein zusätzliches Argument für Badeverbote in die Hand gab. In dieser Situation beschwerte sich der unermüdliche Münchner Stadtteilpolitiker Klaus Bäumler, ein begeisterter Kanute, bei der Europa-Behörde in Brüssel, die daraufhin ein Vertragsverletzungsverfahren gegen die Bundesrepublik Deutschland einleitete.

Die Stadt München konnte nun nicht mehr umhin, im Rahmen eines bis ins Jahr 2000 laufenden Generalentwässerungsplans enorme Investitionen zur Reinhaltung ihrer Gewässer bereitzustellen. 2005 beschlossen die Landeshauptstadt und weitere zwölf Kommunen zwischen Ismaning und Bad Tölz, ihre Kläranlagen zusätzlich durch ultraviolette Desinfektionsanlagen auszustatten und die Keimbelastung laufend durch Sensoren zu kontrollieren. Das hatte zur Folge, dass sich Kolibakterien und fäkale Streptokokken

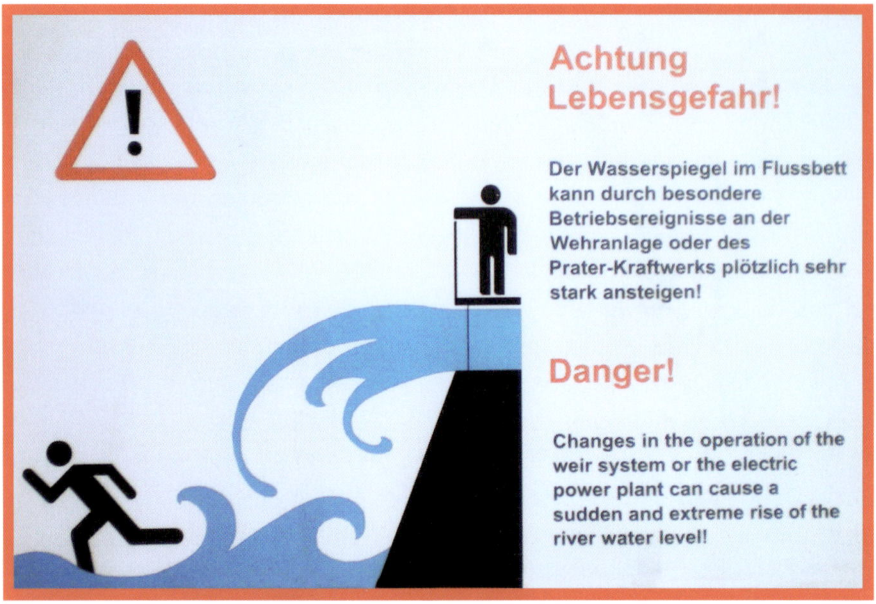

An vielen Uferstellen der Isar wird vor Strömungen und „besonderen Betriebsereignissen" gewarnt

nicht mehr vermehren konnten – und der Großraum München sich heute eines besonders sauberen Badewassers erfreuen kann.

Nachdem also die Wasserqualität einen optimalen Standard erreicht hat, ist heute bei allen Fragen, die das Baden in der Isar betreffen, die Erhaltung des natürlichen Zustands der Flusslandschaft das oberste Gebot. Zugleich wächst aber das Interesse an einer *„neuen Erlebnisqualität"* – Kritiker sprechen lieber von einer neuen Nutzung – des Isarraums und seiner Gewässer. Darum bemühen sich die Vereine *„Deine Isar"* und *„Isarlust"*, das *„Münchner Forum"*, die zuständigen Bezirksausschüsse sowie die *„Isar-Allianz"*, welche Sportfischer, Vogelschützer, Alpenverein und Kanuclubs mit insgesamt einer halben Million Mitgliedern umfasst.

Maßgebend beteiligt ist natürlich die Stadt selbst. Mehrere Ämter und Studiengruppen entwickelten und realisierten den *„Isarplan"*. Seit der Wende zum 21. Jahrhundert wurden der seit dem Hochwasser von 1899 verbaute Fluss, seine Ufer und Auen im innerstädtischen Bereich grundlegend „renaturiert", Mauern wurden eingerissen, Fischtreppen gebaut, alle Kläranlagen entkeimt, natürliche Strömungen und Verästelungen wieder ermöglicht. Inzwischen haben sich Gumpen, Kiesinseln und Kiesbänke gebildet und überall ist Trinkwasserqualität erreicht. An sechs Stellen zwischen Großhesselohe und Corneliusbrücke laden jetzt Liegewiesen zum erlaubten Baden ein. Münchens vielbesungene grüne Isar ist zu einem einzigen großen Flussbad geworden.

Die neue Isarlust

Am 7. Juni 2016 gab der Umweltausschuss des Stadtrats das Baden und Bootfahren in der Isar grundsätzlich frei, wenn auch mit einigen Auflagen und örtlichen Begrenzungen. Und am 5. Juli beschloss er eine Machbarkeitsstudie für ein öffentliches, professionell betriebenes Flussbad mitten in der Stadt; als Musterbeispiele werden geplante Flussbäder in Zürich und Berlin zitiert. Eine Idee, die auch von Verantwortlichen unterstützt wird. So begrüßt Bürgermeister Josef Schmid die *„mögliche Antwort auf die Frage, wie wir in Zukunft mit der Lebensader Isar umgehen und gleichzeitig neue öffentliche Räume für alle schaffen können"*.

Willy Michl unterstützt mit seinem Lied „Isarflimmern" das Isarschwimmen

Der von Benjamin David (im Bild mit Sohn) initiierte Verein „Isarlust" wirbt aktiv für das erlaubte Schwimmen in lange verbotenen Abschnitten der Isar

Eifrigster Initiator und Agitator für ein Isarbad ist der Verein *„Isarlust"*. Als mögliche Standorte verweist er auf den jetzt schon gern genützten Bereich unterhalb des Müllerschen Volksbades oder auf den Abschnitt der Kleinen Isar östlich der Kohleninsel, wo das Gelände des Deutschen Museums ohnedies umgestaltet wird, um sie besser zugänglich zu machen. In Zusammenarbeit mit Architektur-Studenten entstanden bereits mehrere Entwürfe.

Vorgeschlagen werden da zum Beispiel vielgestaltige Ufer-Terrassen, künstliche Sandstrände, ein Bad in Form eines Boulevards, ein Isar-Museum und viel Gastronomie. Erste Pläne wurden bei einem demonstrativen Wettschwimmen auf der kurz zuvor freigegebenen Flussstrecke am naturisierten Ufer ausgestellt. Abends sang der Isar-Indianer Willy Michl seine Hymne vom Isarflimmern:

„… An der seichten Isar,
blüht der Weidenstrauch,
und da Willy in Sandalen
geht im Somma dohi,
mit seina Gitar und er schbuid da auf,

und federfangend geht da Reiher,
ins Oidwassa. Hebt auf und schwebt dahie.
Des is des Isarflimmern mitten im Paradies,
i sog eich, des is des Isarflimmern mitten im Paradies. …“

Eine andere Bürgerinitiative namens *„Wildfleck“* wehrt sich jedoch dagegen, dass die Isar *„bis auf den letzten Winkel neu verbaut“* werden soll. München würde damit die weltweit einzigartige Isarkultur mit dem Lebensgefühl von Freiheit, Wildheit und Fantasie verlieren. Ähnlich argumentieren der Bund Naturschutz und weitere Umweltschutz-Organisationen (siehe Kapitel „Menschen im und am Wasser).

Sonnen- und Nacktbäder

Wie im Paradies

An der Isar, der Amper und der Würm mit ihren lauschig-wilden Flussauen, an Teichen oder oberbayerischen Seen haben Münchner Männer und Frauen gewiss schon vor Jahrhunderten alle Hüllen fallen lassen und *„Luftbäder"* genommen. Amtliche Verbote bezogen sich allenfalls auf die Gefährlichkeit der genutzten Gewässer. Doch einzelne Anti-Bürger wie der Maler Karl Wilhelm Diefenbach (1851-1913) wagten ganz offen, auch am Stadtrand, nackend ins Wasser zu steigen, während andere Münchner Freigeister, wie Franziska von Reventlow oder Erich Mühsam, zu dergleichen Treiben lieber in die Tessiner Tabu-Zone und Künstlerkolonie Monte Verità auswichen.

Immerhin tauchte in jener Zeit bereits der Begriff *„Freikörperkultur"* auf, man sprach auch von *„Nudismus"* oder *„Naturismus"*. Die Nacktheit, wo auch immer, galt als Ausdruck der *„Lebensreform"*, als Protesthaltung

In den 1970er-Jahren tummelten sich Nacktbader ungeniert im Englischen Garten auf der Monopteros-Wiese, inzwischen gibt es amtlich abgegrenzte Toleranzzonen

gegenüber einem spießigen Bürgertum. 1927 gründete sich der erste Münchner FKK-Verein, die *„Freie Sportgemeinschaft Amperland"*. Sie setzte sich für eine *„freie, naturgemäße Lebensgestaltung"* ein und pflegte den Sport sowie die Familienerholung. Die Nackten durften sich aber nur in kleinen, begrenzten, kontrollierten Terrains bewegen, in bebuschten Uferstreifen der Flüsse. Am Nordende des Ammersees errichteten sie bald einen umzäunten Zeltplatz. Für solche Reservate verwandte man, aus unerfindlichen Gründen, die Tarnbezeichnung *„Abessinien"*.

Im übrigen war das Licht- oder Sonnenbad, wie man es verbrämte, im gesamten Stadtbereich, auch in den „goldenen Zwanzigern", polizeilich verboten. Noch strenger wurde es in der Nazi-Zeit reglementiert, auch wenn es vielen Parteigenossen als Ausdruck „völkischer" Lebensweise durchaus gefiel. Das Stadtarchiv verwahrt einen dicken Akt mit Schriftverkehr im Gefolge eines Briefes, mit dem der SA-Sturmführer Pfeiffer im Juli 1940 den NS-Oberbürgermeister Karl Fiehler aufgefordert hatte, im Hirschmannbad *„den Zwang, Badehosen zu tragen, aufzugeben"*.

Der alte Parteigenosse hielt das Nacktbadeverbot für eine veraltete Weltanschauung. Doch das zuständige Dezernat 4 lehnte ab: Die Bekleidung der Männer sei im Gegensatz zur Bekleidung der Frauen in den Sommerbadeanstalten so gering, dass das Sonnenbad dadurch nicht beeinträchtigt werde. Außerdem kämen auch Jugendliche. Und die Homosexuellenbewegung sei nach Auskunft des Polizeipräsidiums noch weiter verbreitet, als allgemein angenommen werde. Drittens sei der Anblick nackter Männer in hohem Alter *„häufig ästhetisch nicht befriedigend"*.

Das Thema kochte bald nach Kriegsende wieder hoch, es geriet einmal sogar zum Politikum. Im August 1947 wurde Oberbürgermeister Karl Scharnagl, ein Mitgründer der CSU, von Parteifreunden angeschwärzt. Einige verlangten sogar seinen Rücktritt, weil er als Gast des Nacktbade-Clubs *„Osiris"* unbekleidet im Nordbad gesehen wurde – ausgerechnet von Mitgliedern der (kommunistischen) *„Freien Deutschen Jugend"*. Der Stadtrat jedoch sprach dem OB das Vertrauen aus und SZ-Chefredakteur Werner Friedmann verteidigte ihn gegen die *„unsterblichen Pharisäer"*. Trotzdem kam es, nicht zuletzt auf Wunsch von Scharnagl selbst, zu einem Strafverfahren wegen *„Erregung öffentlicher Ärgernisse"*, das erst 1950 mit einem Freispruch endete. Inzwischen war der verdienstvolle Politiker *„aus gesundheitlichen Gründen"* zurückgetreten.

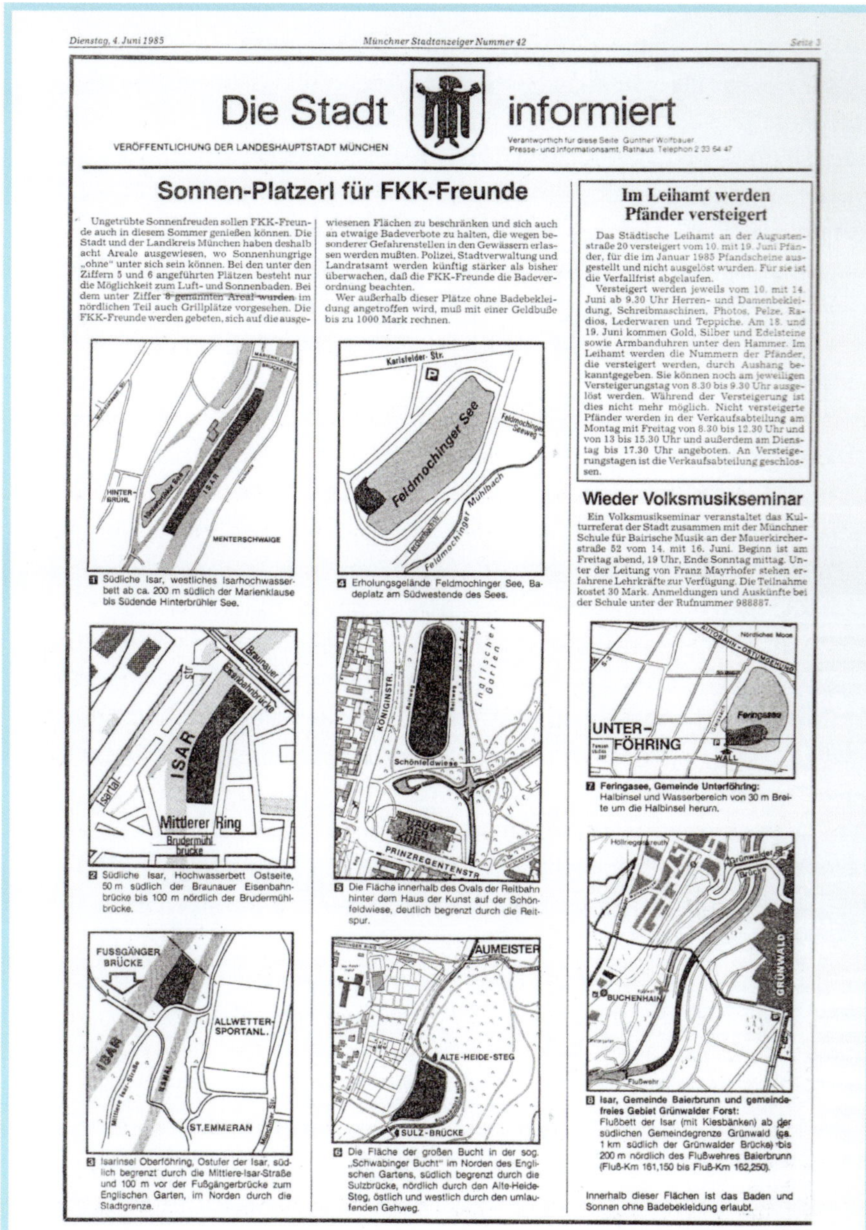

Dienstag, 4. Juni 1985 — *Münchner Stadtanzeiger Nummer 42* — *Seite 3*

Die Stadt informiert

VERÖFFENTLICHUNG DER LANDESHAUPTSTADT MÜNCHEN

Verantwortlich für diese Seite Gunther Wolfbauer
Presse- und Informationsamt, Rathaus, Telephon 2 33 64 47

Sonnen-Platzerl für FKK-Freunde

Ungetrübte Sonnenfreuden sollen FKK-Freunde auch in diesem Sommer genießen können. Die Stadt und der Landkreis München haben deshalb acht Areale ausgewiesen, wo Sonnenhungrige „ohne" unter sich sein können. Bei den unter den Ziffern 5 und 6 angeführten Plätzen besteht nur die Möglichkeit zum Luft- und Sonnenbaden. Bei dem unter Ziffer 8 genannten Areal wurden im nördlichen Teil auch Grillplätze vorgesehen. Die FKK-Freunde werden gebeten, sich auf die ausgewiesenen Flächen zu beschränken und sich auch an etwaige Badeverbote zu halten, die wegen besonderer Gefahrenstellen in den Gewässern erlassen werden mußten. Polizei, Stadtverwaltung und Landratsamt werden künftig stärker als bisher überwachen, daß die FKK-Freunde die Badeverordnung beachten.

Wer außerhalb dieser Plätze ohne Badebekleidung angetroffen wird, muß mit einer Geldbuße bis zu 1000 Mark rechnen.

1 Südliche Isar, westliches Isarhochwasserbett ab ca. 200 m südlich der Marienklause bis Südende Hinterbrühler See.

2 Südliche Isar, Hochwasserbett Ostseite, 50 m südlich der Braunauer Eisenbahnbrücke bis 100 m nördlich der Brudermühlbrücke.

3 Isarinsel Oberföhring, Ostufer der Isar, südlich begrenzt durch die Mittlere-Isar-Straße und 100 m vor der Fußgängerbrücke zum Englischen Garten, im Norden durch die Stadtgrenze.

4 Erholungsgelände Feldmochinger See, Badeplatz am Südwestende des Sees.

5 Die Fläche innerhalb des Ovals der Reitbahn hinter dem Haus der Kunst auf der Schönfeldwiese, deutlich begrenzt durch die Reitspur.

6 Die Fläche der großen Bucht in der sog. „Schwabinger Bucht" im Norden des Englischen Gartens, südlich begrenzt durch die Sulzbrücke, nördlich durch den Alte-Heide-Steg, östlich und westlich durch den umlaufenden Gehweg.

7 **Feringasee, Gemeinde Unterföhring:** Halbinsel und Wasserbereich von 30 m Breite um die Halbinsel herum.

8 **Isar, Gemeinde Baierbrunn und gemeindefreies Gebiet Grünwalder Forst:** Flußbett der Isar (mit Kiesbänken) ab der südlichen Gemeindegrenze Grünwald (ca. 1 km südlich der Grünwalder Brücke) bis 200 m nördlich des Flußwehres Baierbrunn (Fluß-Km 161,150 bis Fluß-Km 162,250).

Innerhalb dieser Flächen ist das Baden und Sonnen ohne Badebekleidung erlaubt.

Im Leihamt werden Pfänder versteigert

Das Städtische Leihamt an der Augustenstraße 20 versteigert vom 10. mit 19. Juni Pfänder, für die im Januar 1985 Pfandscheine ausgestellt und nicht ausgelöst wurden. Für sie ist die Verfallfrist abgelaufen.

Versteigert werden jeweils vom 10. mit 14. Juni ab 9.30 Uhr Herren- und Damenbekleidung, Schreibmaschinen, Photos, Pelze, Radios, Lederwaren und Teppiche. Am 18. und 19. Juni kommen Gold, Silber und Edelsteine sowie Armbanduhren unter den Hammer. Im Leihamt werden die Nummern der Pfänder, die versteigert werden, durch Aushang bekanntgegeben. Sie können noch am jeweiligen Versteigerungstag von 8.30 bis 9.30 Uhr ausgelöst werden. Während der Versteigerung ist dies nicht mehr möglich. Nicht versteigerte Pfänder werden in der Verkaufsabteilung am Montag mit Freitag von 8.30 bis 12.30 Uhr und von 13 bis 15.30 Uhr und außerdem am Dienstag bis 17.30 Uhr angeboten. An Versteigerungstagen ist die Verkaufsabteilung geschlossen.

Wieder Volksmusikseminar

Ein Volksmusikseminar veranstaltet das Kulturreferat der Stadt zusammen mit der Münchner Schule für Bairische Musik an der Mauerkircherstraße 52 vom 14. mit 16. Juni. Beginn ist am Freitag abend, 19 Uhr, Ende Sonntag mittag. Unter der Leitung von Franz Mayrhofer stehen erfahrene Lehrkräfte zur Verfügung. Die Teilnahme kostet 30 Mark. Anmeldungen und Auskünfte bei der Schule unter der Rufnummer 988887.

Nicht mehr aktuelle Übersicht über acht von der Stadt ausgewiesene FKK-Badeplätze im Jahr 1985

Im Mai 1962 wurde ein neuer Naturistenverein gegründet, der *„Bund für freie Lebensgestaltung München"* (BffL). Vor dem Vereinsgelände am Amperufer bei Dachau pflanzte man 450 Eichen und 670 Fichten *„als Sonnenschutz und Schutz vor Neugierigen"*. Hinzu kamen ein Badeweiher, ein Bolzplatz und ein Volleyballfeld. Erst im 21. Jahrhundert wurde das 33.000 Quadratmeter große Gelände *„sonniger und offener"*. Zwei Jahre jünger ist ein Freikörper-Verein mit dem etwas schamhaften Namen *„Sport- und Naturfreunde München e.V."*, der nach wie vor den Familien- und Gemeinschaftssinn durch Sport und Geselligkeit pflegen will.

Der Aufbruch zu neuen Ufern in den 1970-Jahren riss auch die Umzäunungen ein, hinter denen sich die Naturisten bislang getummelt hatten. An den innerstädtischen Uferstreifen der Isar sowie des Eisbachs und der Wiesen im Englischen Garten, ja sogar in öffentlichen Parks tauchten sie plötzlich in Massen auf. Ungeniert von Passanten trieben *„die Nackerten"*, wie sie alsbald in den Boulevard-Blättern geradezu bejubelt und gerne abgebildet wurden, eine neue, ungeregelte Art von Freizeit- und Freikörperkultur oder – nach alternativer Sichtweise – von Exhibitionismus.

In aller Offenheit turnten und turtelten sie, neben sich die toten Hosen. Sie grillten ihre total entblößten Körper im Gras, auf Sand- und Betonbänken. Sie ruhten, radelten und ruderten so, wie Gott sie geschaffen hatte. Sie spielten Ball und spazierten neben bekleideten Spaziergängern. Einige freche Buben und Mädchen entdeckten einen besonderen Kick: Sie warfen sich an der Prinzregentenstraße in die Strömung, stiegen, bevor der Bach über ein Gefälle stürzte, am Tivolipark ans Ufer und in die Trambahn ein, um an den Startplatz ihrer Schwimmstrecke zurückzufahren; ans Bezahlen dachten sie nicht, denn Nackten kann man bekanntlich nicht in die Tasche greifen.

Jugendliche haben heutzutage mitten in der Stadt ein neues, ungewöhnliches, aber nicht ungefährliches Badevergnügen entdeckt: die sogenannte *„Münchner Taufe"*. Sie steigen dort ins Wasser, wo sich auch die Surfer in die weltberühmte Welle werfen, und lassen sich hinunter treiben über den Tivoli-Wasserfall, zwei Brücken, zwei kleinere Wellen und eine weitere Welle, die in Erinnerung an das dortige Dianabad aus dem 19. Jahrhundert *„Dianawelle"* genannt wird. Weiter geht es bis in den Wohnbereich des Lehel, von wo aus der Rückweg angetreten wird, zu Fuß oder mit der Tram, wie schon in der Zeit des Nacktbadens. Nach etwa 900 Metern ist man *„gechillt"* und *„getauft"*. Bei über 30 Grad kommt es zu regelrechten Massentaufen. Gern tauschen die Täuflinge ihre tollkühnen Erlebnisse über die sozialen Medien aus, wo sie auch eine genaue Streckenkarte finden.

Gar nicht ungefährlich ist das Sichtreibenlassen im Eisbach, das seine Fans als „Münchner Taufe" bezeichnen

Nackte Unkultur

Das Treiben der Nackten gefiel längst nicht allen. Als *„nackte Unkultur"* beschimpfte der Katholikenrat 1981 die große Entkleidungswelle im Stil von Sylt, wo sie vorerst freilich auf Besserverdienende und Kulturträger beschränkt war. Von den Gewässern der Isar her war sie inzwischen bis zum großen Brunnen am Stachus übergeschwappt. Und sogar in den riesigen Biergarten am Chinesischen Turm sowie in den aufgelassenen Schwabinger Nordfriedhof tröpfelten Einzelne hüllenlos hinein. Als *„nackte Militanz"* rügte Freiherr von Crailsheim, Generaldirektor der Staatlichen Seen und Gärten, den offenbar unaufhaltsamen Einbruch der Nackten in sein Revier. *„Nächstes Jahr gehen s' in die Oper"*, zitierte ein Spiegel-Reporter, der sich unbedeckt unter die Nackten gesellt hatte, einen der zahlreichen *„Luager"* (Voyeure), die teilweise mit Ferngucker oder Videokamera die Szene besichtigten.

Bald trieben sie es noch toller, *„noch ausg'schamter"*, wie immer mehr Münchner grantelten. Eine Zeitungsumfrage erkannte damals, dass sich 62 Prozent der Männer und 49 Prozent der Frauen durch die Invasion der Kleiderlosen gestört fühlten. Genauere Nachfragen enthüllten indes, dass man und frau weniger um die Moral besorgt waren, sondern eher ästhetische Vorbehalte hatten. Dem Sprecher des Katholikenrats waren *„diese pendelnden Penisse"* ein peinlicher Anblick.

Am Feldmochinger Baggersee wurde im Juli 1982 einer der Freikörperkulturrevolutionäre beschossen. Und der Bürgermeister einer Umlandgemeinde stellte Kübel voller Jauche für *„de Saubär'n"* bereit. Mangels Personal konnte die Polizei die unbekleideten, weit verstreuten Massen kaum noch unter Kontrolle halten. Spielverderber wollte man auch nicht sein. Wer außerhalb der acht *„Toleranzzonen"*, die am 7. Juli 1982 festgelegt wurden, mit blanker Haut von Kopf bis Fuß ertappt wurde, bekam lediglich eine Belehrung. Erst beim zweiten Mal musste man/frau 50 Mark Bußgeld berappen.

Jetzt berichtete sogar ein amerikanisches Nachrichtenmagazin über *„the Munich Nudists"* und stellte vergleichsweise fest, keine andere Stadt in Old Europe würde eine derartige Zurschaustellung nackter Tatsachen tolerieren. Und derselbe norddeutsche Berichterstatter wie 1981 kam vier Sommer später zu der Erkenntnis: *„Aus dem katholischen München wurde die Hauptstadt eines schweigenden Volksbegehrens nach ganzheitlicher Besonnung."*

Diese erreichte dann im Jahr 1985 ein Ausmaß, dass die uniformierten Ordnungshüter immerhin 154 Platzverweise aussprechen und 41 Anzeigen aufnehmen mussten. Für 1986 wurden schärfere Kontrollen angekündigt. Schlagzeilen alarmierten: *„Polizei jagt Nackte"*. Ein grüner Stadtrat behauptete sogar, einige der textilfreien Frauen und Männer seien in Handschellen abgeführt worden, was er jedoch wieder dementieren musste. Dieses Münchner Paradies wurde gar eine weltweit bekannte Attraktion. Ganze Busse von Touristen kamen zur großen Nuditäten-Show, sie konnten sich so das teure Striptease-Lokal sparen. Sogar die Kronprinzessin von Thailand soll bei einem Bayern-Besuch um einen Abstecher zur Nudistenwiese gebeten haben, was ihr das Protokoll aber ausreden konnte.

Die für die freie Freikörperszene freigegebenen Zonen wurden schließlich amtlich festgelegt; fortan sollten nur noch auf sechs Plätzen *„paradiesische Zustände"* herrschen. 1.800 Merkblätter wurden im Sommer 1986 an potenziellen, aber nicht legalen Nacktbadeplätzen verteilt. Der Junglehrerverband hielt ein weiteres Merkblatt zum *„pädagogischen Verhalten in FKK-Bereichen"* parat: Lehrer sollten sich hinter Gebüsche zurückziehen, um peinliche Begegnungen mit unangezogenen Schülern zu vermeiden.

Wie im Lichthemd

Natürlich fand auch der Tourismus bald Gefallen am neu erweckten *„Zurück zur Natur"*. Mitte der 1950er-Jahre organisierten Münchner Veranstalter erstmals FKK-Reisen ins In- und Ausland. Mit immer neuen Zielen und Slogans warben sie für *„Ferien im Lichthemd"*, für das *„nahtlos braun werden"*, für *„Sonnenreisen"*, für den *„Urlaub wie im Paradies"*. Der Münchner Zahnarzt Dr. Hoffmann kaufte ganze Grundstücke und baute Ferienanlagen für die rasch wachsende Klientel. Anfangs war die Werbung noch recht schamhaft. Abbildungen in den Katalogen waren auf Briefmarken-Größe beschränkt. Im offiziellen Campingführer musste man den FKK-Teil extra öffnen. 1975 wurden Münchner Nudisten erstmals in Winterferien geschickt; ein Pionierprogramm schrieb ein Hotel der Urlauberhochburg Ruhpolding aus.

Nach gegenwärtigem Stand sind 14 Bereiche im Stadtgebiet vom generellen Nacktbadeverbot ausgenommen: vier Uferabschnitte der Isar und zwei am Feldmochinger See, je einer im Englischen Garten und im Forstenrieder Park, wo allerdings aufs Wasserbad verzichtet werden muss; auch in sechs städtischen Frei- und Hallenbädern wurden FKK-Zonen ausgewiesen. Das größte und beliebteste „Paradies" befindet sich im Gemeindegebiet von Unterföhring: Bis zu 6.000 Nackerte tummeln sich an heißen Tagen auf der Halbinsel des 32 Hektar großen Feringasees.

Gaffer nutzen den zwei Kilometer langen Rundweg gern als Aussichtspromenade. Das Spanner-Problem – das mit Susanne und den beiden Alten schon in der Bibel auftaucht – verschärfte sich hier, als die Arbeiterwohlfahrt in der Nähe eine Traghalle für 300 männliche Flüchtlinge erstellte. So musste man denn das lauschige FKK-Revier durch eine Sichtschutz-Schleuse mit mehrsprachigen Hinweisen und deutlichen Piktogrammen gegen unerwünschte Blickkontakte abschirmen.

Wie man früher mal mit den Nackerten von Amts wegen umgegangen ist, soll eine Anekdote vom Juli 1952 erhellen, die in Starnberg spielte. *„Trotz eines Verbotsschildes entkleiden sich luft- und sonnenhungrige Evastöchter* *und legen sich an den Strand"*, gab der Bayernpartei-Stadtrat Simmerding bekannt. Schwimmer und Bootfahrer könnten neugierige Blicke dorthin werfen. Die *„schönste Aussicht"* aber biete das auf die Damenabteilung des Undosa-Bades eingestellte Fernrohr an der Uferpromenade. Bürgermeister Süßkind versprach *„Gegenmaßnahmen"*.

Wie im alten Rom

Mit immer neuen Angeboten an Luxus und Lebenslust steuerte die Gaudi-Metropole München in die tollen siebziger Jahre. Zustände wie in den Badetempeln der alten Römer feierten fröhliche Urständ. Nicht weniger als 3,3 Millionen Mark investierte der Industrielle Günther Lützendorf in ein *„Atrium"*, das im November 1969 am Schwabinger Nicolaiplatz eröffnet wurde. Aus Italien, Griechenland und Portugal ließ er den Marmor holen, aus Amerika die Wandtapeten in pompejanischem Rot, aus Afrika die Edelhölzer. Venezianische Wandspiegel zierten die großen Bars. Man konnte sie, schon ab 11 Uhr vormittags, im Abendkleid, im Mini oder auch im Bikini besuchen.

Den Luxus-Badetempel „Atrium" gab es einmal am Schwabinger Nicolaiplatz

Mitten im Club nämlich befand sich, antiken Thermen nachgebildet, ein Swimmingpool, perfektioniert durch Unterwasserscheinwerfer, Wasserspiele und einen rollenden Laufsteg für Modenschauen. Das Deckenmosaik darüber war mit echtem Blattgold ausgelegt. Das ganze Eldorado wurde von einem Team entworfen, das zuvor mitgebastelt hatte an orientalischen Palästen und der Privatyacht des Reeders Onassis (Wasserhähne aus purem Gold, Mischpult für Parfums an der hydraulisch versenkbaren Badewanne, Lapislazuli als Kaminverkleidung).

Mit einer Orgie in Kitsch wurde der Lusttempel, desgleichen es nach Berichten von Kennern nur noch in Hollywood gab, der Presse vorgestellt. Unter rauschenden Tschaikowsky-Klängen tummelten sich nackte Mädchen verschiedener Hautfarbe im Pool und bewarfen Smoking-Snobs mit frischem Obst. Die Nerzmodenschau – Pelz auf blanker Haut, versteht sich – platzte allerdings, weil der Modeschöpfer von einem der Spieljungen, der dadurch eine 500-Mark-Wette gewann, komplett bekleidet ins Wasser geworfen wurde.

Heil- und Kurbäder

Ein Erbe der Römer

Dass gewöhnliches Wasser nicht nur der Körperpflege, dem Spaß und dem Sport dienen kann, diese Erkenntnis besaßen und nutzten bereits die alten Römer. Hinweise auf einen regen, geordneten Kurbetrieb, von der heizbaren Therme bis zum Gebrauch des Kamms, wurden an nicht weniger als 170 Orten des einstigen Imperiums archäologisch gesichert. Auch in Oberbayern, einem Teil der damaligen Provinz Raetien. Davon zeugen Gegenstände für Spiel, Freizeit, Körperpflege, Hygiene sowie das Gewölbe einer unterirdischen Heizanlage – gefunden und ausgestellt in Seebruck, in den Ruinen des Kastells Bedaium. Mögliche Indizien für die Existenz von Warmwasserthermen.

Es waren wohl auch die Römer, die nach ihrem Rückzug die Idee des Heilbades in Südbayern hinterließen. Auf einer ins Jahr 270 n. Chr. datierten

Die berühmten Bikini-Mädchen, die in einer römischen Therme auf Sizilien gefunden wurden

Tafel ist ein in Öl gemaltes Bild zu sehen, das einen Eremiten zeigt, nämlich den Heiligen Primus, wie er von einem römischen Soldaten enthauptet wird. Die Inschrift berichtet: *„Dieses natürliche Wiltpadt Anndelholzen hat, nach Anzaig der Medicinen, sein Crafft auf Schwebel und Allaun."*

Es handelt sich also um das älteste Heilbad Bayerns: das heutige Adelholzen im Chiemgau. Der Traunsteiner Kastner Otto Heinrich Lindl tauschte 1615 das Gut und das *„alte, abgestandene Bad"* vom Domkapitel Salzburg gegen ein eigenes Grundstück ein. Mit viel Geld hat er es dann, so ein Bericht von 1863, restauriert und mit Wirtshaus, Lustgarten und sogar einem Weinberg *„neu erhoben"*, so dass *„anderthalb Hundert und noch mehr Personen baden und Unterkunft finden mochten"*. Diese 1939 staatlich anerkannte *„Primusquelle"* wird heute von den Barmherzigen Schwestern mit 380 Mitarbeitern als *„Adelholzener Alpenquellen GmbH"* betrieben. Die Erlöse der weltweit exportierten Mineralwässer gehen in soziale Projekte. Gebadet wird hier aber nicht mehr.

Wildbad Kreuth

Als einer der Stammväter der eigentlichen Badekur in Bayern darf Abt Heinrich vom Kloster Tegernsee gelten. 1511 ließ er südlich des Sees, auf einer bewaldeten Anhöhe nahe der Siedlung Kreuth, ein Badehaus errichten. 1627 wurde es ein Raub der Flammen. Im Neubau aber erquickten sich die Mönche weiterhin an dem heilkräftigen, schwefelhaltigen Mineralwasser, bis ihr uraltes Kloster 1803 säkularisiert wurde. Bayerns erster König, Max I. Joseph, kaufte das Anwesen 1818 und legte – wie ein Gemälde im Bayerischen Nationalmuseum zeigt – den Grundstein für das spätere *„Wildbad Kreuth"*. Zunächst firmierte es ab 1821 als Molkekuranstalt; das Kurmittel lieferten die Ziegen auf der Königsalm.

Eine Glanzperiode erlebte dieses *„Bad in den Bergen"*, nachdem es Prinz Carl von Baiern für jedermann geöffnet hatte. Alljährlich pilgerten über 150 leidende Menschen vom Tegernseer Tal herauf. Bedürftige bekamen alles Gute gratis: Aufenthalt, Verpflegung und ärztliche Behandlung. Der volksnahe Prinz starb im August 1875, weil sein Pferd beim Heimritt nach Tegernsee strauchelte. Doch auch die nachfolgenden Wittelsbacher führten weiter, was wohl als Beginn des *„Wellness-Tourismus"* anzusehen ist. Außer den diversen Bädern wurde noch allerlei geboten: frische Pflanzensäfte, Mandelmilch und Mineralwässer *„zum inneren Gebrauch"*, eine *„gewöhnliche Dusch"* für 30 Kreuzer und ein Regenbad für 18 Kreuzer. Zum *„Ersten Tisch"* wurden fünf Gerichte serviert.

Der Kurbetrieb war bald schon international und zeitweise kaum noch zu bewältigen. Daher verzichtete man auch darauf, das kleine Bad zu vergrößern. Interessenten dafür gab es zahlreich. *„Eine Menge von Gesuchen müssen unerfüllt bleiben"*, heißt es in einem Büchlein über Bad Kreuth und seine Molkekuren von 1875. Keine Neubauten also, *denn „der Reiz der Ruhe und Abgeschiedenheit vom großen Treiben der Welt müsste leiden"*.

Um diese Zeit war das herzogliche Schloss bereits tipptopp als Kurhotel eingerichtet. Es gab da sogar einen Billardsalon sowie ein Zimmer, das bei den Kurgästen als *„Amerika"* bekannt und ziemlich verpönt war. Dort und nur dort durfte man als Raucher *„mit Gleichgesinnten seinen Tabakhunger stillen"*. 1888 wurde ein Verschönerungsverein gegründet, bei dem die

Ehemaliges Wildbad Kreuth in den Tegernseer Bergen

Mitgliedschaft eine Mark kostete. Er initiierte einen Gehweg vom Ort zum Wildbad und einen Reitweg zum Hirschberghaus. Das Hotel zur Post mit immerhin 95 Betten legte sich einen *„Schönheitsgarten"* zu.

Am 4. und 5. Mai 1945, wenige Tage vor der Kapitulation, schossen amerikanische Panzer das herzogliche Sudhaus in Trümmer und allerlei *„Kriegsgesinde"*, so eine zeitgenössische Chronik, plünderte das schöne alte Kurbad, das seinen Betrieb 1972 für immer einstellte. Im Schloss nebenan etablierte sich 1974 die Hanns-Seidel-Stiftung, die Kaderschmiede der CSU. Sie ließ den Mietvertrag, als das Haus Wittelsbach die Pacht erhöhen wollte, im Jahr 2016 auslaufen. Stattdessen soll jetzt ein Gesundheits- und Wellnesshotel entstehen.

Nachdem einige *„Wildbäder"* und allerlei *„Wunderbrunnen"* längst populär waren, war das *„Heilbadewesen"* seit Ende des 18. Jahrhundert in ganz Mitteleuropa aufgeblüht – und mit ihm die *„Kur"* (Als noch existierender Pionierbetrieb in Deutschland gilt Bad Pyrmont). Die Besucher jener oft palastartigen Gesundheitstempel waren ausnahmslos wohlhabend und oft auch prominent. Der Geheimrat Goethe beispielsweise war Stammgast in Karlsbad, Bayerns Ludwig I. reiste regelmäßig – inkognito mit seiner Lola – ins unterfränkische Bad Brückenau. In vielen Orten wurden allerlei Kurmittel entdeckt, genutzt und vermarktet.

Bad Brunnthal

Zeitweise konnte sogar München mit richtigen Heilbädern aufwarten. Als Kurmittel diente hier zunächst nichts anderes als kaltes Wasser. 1782 richtete der Wundarzt Xaver Gumppert in der Müllerstraße ein *„Gesundheitsbad"* ein; außer Wannenbädern bereitete er aber auch schon Milch-, Schwefel-, Kräuter- und Mineralbäder zu. Und ein Mann namens Lindemann bot in der Müllerstraße 13 außer einem Bassin *„Lohschwitzbäder"* an; er hatte wahrscheinlich durch lodernde Baumrinde oder Blätter den gehörigen Dampf gemacht.

Im Landgut Brunnthal, unterhalb der Pfarrkirche von Bogenhausen, hatte sich schon im 17. Jahrhundert ein regelrechter Badebetrieb entwickelt. Immerhin brachen aus den Isarhängen zwölf Quellen hervor, die in Holzbottiche geleitet wurden. Ärzte attestierten einen hohen Kohlensäuregehalt.

1682 ließ Kurfürst Max Emanuel das aus rohen Brettern gezimmerte Badehaus zum Militärlazarett umfunktionieren, während der Magistrat einen Trakt als Pfründehaus für gebrechliche alte Frauen nutzte.

1804 kaufte der französische Emigrant Johann Baptist Dumelyl die Brunnthaler Anlagen und fügte eine Gartenwirtschaft hinzu. Nachfolger Georg Mayr erweiterte alles zu einer Kaltwasser-Heilanstalt nach der Vorgabe des österreichischen Naturheilers Vincenz Prießnitz. Gefördert wurde das Projekt insbesondere vom Armen- und Kinderarzt Dr. August Hauner, der auch in der Sonnenstraße die erste, später nach ihm benannte Kinderklinik Münchens einrichtete. Weltruf gewann Brunnthal nach 1858, als es der Arzt Dr. Steinbach zu einer *„Naturheilanstalt"* ausstaffierte. An Luxus, Medizintechnik und modischer Raffinesse sollte es nicht mangeln.

„Auf mit weichen Teppichen belegtem Boden schreitet man in ein großes Viereck, an dessen Wänden, mit dunklem Farbgrund bedeckt, feenhafte Figuren schweben, von Künstlerhand gemalt; vom reichen Plafond herab beleuchtet ein magischer Lichtstrahl die Räume, wo Ruhebänke, Stühle und Tische mit kostbaren Stoffen umkleidet sind, und in sinnvoller Ordnung von schimmerndem Metall stehen reichlichst die verschiedenartigsten Apparate

Am Ende war Brunnthal ein Luxusbad

zum Heilbehelfe." Soweit ein Bericht der *„Leipziger Illustrieten"*. Die Heilbehandlung sei *„insbesondere wirksam bei Verstopfungen, wodurch die wurmartige Bewegung der Därme erreicht wird. Ferner in allen Fällen von Unterleibsschwäche und Impotenz, Muskellähmungen, Stimmlosigkeit, Schwerhörigkeit"*.

Bis aus Übersee, Russland und dem Orient reisten betuchte Gäste zu dem *„vielgeliebten Bade- und Vergnügungsort"* am Stadtrand von München. Das Familienblatt *„Heimgarten"* fand 1860 eine hübsche Analogie: *„Wie wundert sich nun der osmanische Kurgast, der hier im Schatten seinen Mocca schlürft, wenn er hört, daß einst der Besieger seiner Ahnen, der sarazenenschlagende Max Emanuel, diesen Ort zum Aufenthalte für die verwaisten Kinder seiner Helden bestimmt hatte."* Genau 50 Jahre später wurden Kurpalast und Garten abgebrochen, um Platz zu machen für eine kleinere Kneippkuranstalt und neoklassizistische Villen rundum. Kneippen konnte man noch bis über zwei Weltkriege. Heute sind dort Küchenmöbel ausgestellt.

Bad Thalkirchen

Auch in Thalkirchen, weit vor der Stadt damals, sprudelten aus den Isarhängen mehrere Heilquellen, die schon im frühen 19. Jahrhundert genutzt wurden. 1843 entstand eine Krankenanstalt namens *„Bad Thalkirchen"*. Mit Erlaubnis von König Ludwig I. durfte ein Josef Bleile hier *„Prießnitz'sche Umschläge"* auflegen; die Heilungsuchenden holte er per Pferdedroschke aus München. Bleile tat sich noch schwer. So bedauerte ein amtlicher Bericht von 1847, dass seine Kaltwasser-Methode *„niemals eine wissenschaftliche Opposition fand"*, indes die Gegner mit Intrigen und Denunziationen dagegen operierten.

Doch allmählich wurde die Behandlung mit kaltem Wasser, wie sie Prießnitz und insbesondere der Pfarrer Kneipp erfolgreich betrieben, weitgehend anerkannt. So konnte Dr. Karl Uibeleisen, ärztlicher Leiter der Wasserheilanstalt in Thalkirchen, im Jahr 1900 damit bereits die Behandlung von Nervenleiden, Gicht, Rheumatismus, Verdauungsstörungen und Fettsucht anbieten. 1935 erwarb der Arzt Dr. Heinrich Müller die direkt an der Isar gelegene und deshalb vom Hochwasser gefährdete Thalkirchener Klinik, die, nach einem bis 1955 dauernden Neubau, heute noch als Internistische Klinik einen guten Ruf hat.

Weniger mit anerkanntem Heilwasser als mit Wunderglauben verbindet sich die kleine Jakobsquelle in der Marienklause auf der anderen Seite der Isar, die zu Harlaching gehört. In einer ausgemauerten Höhle sieht man zwar kaum Wasser, aber man hört es irgendwo rauschen. Gebaut hat die kleine Kapelle 1865 der Wasseraufseher Martin Achleitner. Mehrmals wurde die idyllische Marienklause renoviert. Auf einer Tafel findet sich ein Hinweis, wonach das Wasser gut sei für die Heilung der Augen.

Tafel von 1865 an der Jakobsquelle der Marienklause

Die ursprüngliche Marienklause

Bauernbad Schönbrunn

Im Juli 1662 wurde der Holzhauer Stephan Schlairböck nach einem *„Trunck"* aus einer Qelle bei Ampermoching im Dachauer Land von einem Leistenbruch befreit, so protokollierte es der Landpfleger Georg Teissinger. Weitere Heilungen erfolgten. Teissinger ließ die Quelle fassen, errichtete eine heute noch bestehende Gnadenkapelle und stiftete eine Wallfahrt. 1874 verglich der kurfürstliche Leibmedicus Franz Thiermair das Heilwasser von *„Maria Brunn"* mit dem von Bad Adelholzen. Mit einer Visite des ersten bayerischen Königs Max I. Joseph und seiner Frau begann ein kunstgerechter Kurbetrieb.

Dieser gewann internationalen Ruf, als die heilpraktisch erfahrene *„Doktorbäuerin"* Amalie Hohenester, die einige Prozesse wegen Kurpfuscherei überstanden hatte, die Pilgerstätte 1863 kaufte und ausbaute. Hinzu kamen eine Wandelhalle, ein Musikpavillon und diverse Handwerksbetriebe. Nachdem auch noch ein Stellwagendienst eingerichtet war, sollen täglich bis zu 200 Heilsuchende in das versteckte *„Heilbad Mariabrunn"* geeilt sein.

Heilbad Schönbrunn und alte Badeordnung

Alle wurden durch Kaltwassergüsse und Diät kuriert. Alle wurden von der Hohenester geduzt. Ein Blick aufs Urinfläschchen genügte ihr zur Diagnose.

„Kurieren" ließ sich hier sogar die österreichische Kaiserin Elisabeth; *„Sisi"* stiftete zwei Glasfenster für die Kapelle, die noch erhalten sind. Die Gästeliste verzeichnete russische Großfürsten ebenso wie Mitglieder deutscher Königshäuser. Auch Angehörige des Geldadels wie die Rothschilds aus Paris wurden von der Doktorbäuerin im schwarzen Tüll im *„Fürstenbau"* empfangen und in ihrer Weise *„behandelt"*. Die außerordentlich geschäftstüchtige Frau hatte 95 Bedienstete bis hin zum Kräuterweiberl. Ein *„Badearzt"* diente als Strohmann gegenüber den Behörden.

Seit 1907 betreibt die aus Württemberg stammende Familie Breitling das einzige bayerische *„Bauernbadl"*. Das Heilwasser ist allerdings längst versiegt, eine spätere Brauerei wurde ebenfalls geschlossen. Stattdessen locken im Sommer schönste Wanderwege, ein herrlicher Biergarten und eine hauseigene Schnapsbrennerei.

Salz, das erste Kurmittel

Kaltes Wasser allein war irgendwann nicht mehr konkurrenzfähig, nur in wenigen Orten, vor allem in Bad Wörishofen, konnte es einen gewissen, bis heute gehaltenen Kultstatus gewinnen. München mit seinen kohlensäurehaltigen Isarhangquellen musste deshalb aus dem heftigen Konkurrenzkampf ausscheiden. Rundum in Oberbayern, durch die Eisenbahn nun gut erreichbar, entwickelten sich indes kleine dörfliche Heilbäder, die heute noch verschiedene Trümpfe ausspielen, beispielsweise im *„Kurquartett"*, knapp 50 Kilometer südöstlich der Landeshauptstadt.

Die Hauptrolle bei den Kurmitteln hatte zunächst das Salz gespielt, das in der Südostecke Bayerns reichlich abgebaut und in Sole gelöst durch hölzerne Pipelines transportiert wurde. Zunächst entstand 1821 in Rosenheim ein Kurbad, *„das die besondere Auszeichnung verdient, die Mutteranstalt sämmtlicher Soolbäder in Teutschland zu seyn"* – so ein Bericht von Michael Halbritter. Es sei ihm gelungen, nimmt er für sich in Anspruch, die Mutterlauge mit Mineralwasser zu vermischen und für eine medizinische Trinkkur zu verwenden.

Ein *„Soolbad"* erbaute der Apotheker und Kämmerer Joseph Pauer 1844 auch in Traunstein. Vier Jahre später kaufte der Traunsteiner Johann Seywald nördlich der Stadt das aus dem 16. Jahrhundert stammende Wildbad in Empfing wo sogar Heublumen- und Haferstrohbäder verabreicht wurden. Bald entstanden prächtige *„Bade-Localitäten"*, darunter *„hydroelektrische Bäder"*, sowie große Kurheime mit eleganten Salons, die Kaiser Franz Joseph, König Max II. sowie *„österreichische, ungarische und galizische Nobilitäten frequentierten"*. Erst in den 1970er-Jahren wurden die abgewirtschafteten, aus der Mode gekommenen Häuser zweckentfremdet oder abgerissen.

Moor als Geburtshelfer

Zu den klassischen Kurmitteln gehört auch das Moor. Es fand und findet sich, allerdings in begrenzten Mengen, besonders im Süden Bayerns. *„Mehr aus Neigung für Heilzwecke als in der Hoffnung eines rentablen Geschäftes"* errichtete der Landgerichtsarzt der ländlichen Gemeinde Aibling, Dr. Desiderius Beck, 1845 auf dem Armenanger nach mehrjährigem Experimentieren die erste *„Soolen- und Schlamm-Bad-Anstalt"* im Königreich. Sechs Badestuben ließ er mit je zwei Becken, Glocke und Thermometer ausstatten. Hinzu kamen neun Fremdenzimmer. In der Münchner Gesellschaft sprach sich bald herum, dass das Aiblinger Moor nicht nur für die Gelenke eine *„gute Schmier"* war, sondern dass es allgemein auf den weiblichen Körper eine wohltuende Wirkung entfalte. Daher sah man unter den erlauchten Gästen im *„Duschlbräu"* auch Lola Montez, die Mätresse des Bayernkönigs Ludwig I. Im ersten Kurhotel, das den Namen dieses Königs erhielt (aber vor Jahren geschlossen wurde), erwartete die Kurgäste – laut Annonce – *„Comfortables und Freundliches, aber nichts Großartiges"*.

Im Krieg 1870/71 schickte die bayerische Armee Verwundete zur Nachbehandlung von Schusswunden nach Aibling, dem Prinzregent Luitpold 1895 den Titel „Bad" verlieh. Das erste Kurhaus entstand 1907. Das neue steht am Eingang eines der größten und schönsten Kurparks Bayerns. Nachdem bei einer Bohrung bis auf fast 3.000 Meter Tiefe heißes Wasser er-

Die oberbayerischen Moorbäder Aibling, Feilnbach, Kohlgrub (Bild) und Baiersoien werden vor allem Frauen empfohlen

schlossen wurde, konnte auch Bad Aibling im Jahr 2007 eine anspruchsvolle Therme eröffnen. Unter den Glaskuppeln entfaltet sich eine ganze Bäderlandschaft.

Um sich als neues Bad von der Konkurrenz abzuheben, setzt die Aiblinger Kurverwaltung stark auf Musik. Jeden Donnerstag und Freitag spielen im Kurpark und im Brunnenhof die verschiedensten Bands, alljährlich stehen ein Gitarrenfestival und ein Sommertheater auf dem Programm.

Das Mangfallmoor befruchtete auch das Apfeldorf Feilnbach, zwölf Kilometer südlich von Aibling. Hier waren es die Geschwister Hohenester, die 1894 mit Wannenbädern begannen. Die waren anfangs noch aus Alpenkräutern zubereitet, nicht mit Torfbrocken. Ab 1905 wurden aber auch schon Moorbäder verabreicht. Bald kamen, wie eine Chronik meldet, *„viele Kranke bis aus dem Lande Schweden"*, um ihre Gelenk- und andere Leiden zu kurieren. Die heimischen Holzknechte, die so oft *„raach"* (rheumatisch) wurden, kauten weiterhin bestimmte Beeren.

Dem voralpinen Moor verdankt auch das „Bäder-Duo" Kohlgrub und Bayersoien in der Südwestecke Oberbayerns ihre Existenz. Die erste Moorbadeanstalt entstand 1874 im *„schönsten Schweizer Styl"*. Vor dem Ersten Weltkrieg nämlich galt das frühere Köhlerdorf Kohlgrub als *„deutsches St. Moritz"*; der Hausberg, das 1.496 Meter hohe Hörnle, entwickelte sich zu einem Wintersportzentrum von Rang. Deutschlands höchstgelegenes Moorheilbad und das fünf Kilometer entfernte Bad Bayersoien nutzen die hier sogenannte *„Schwarze Daune"* aber nicht nur für moortypische Anwendungen, sondern auch für eine Therapie, die seit geraumer Zeit durch die Hormonpräparate an den Rand gedrängt worden ist: als ortsgebundenes Heilmittel bei unerfüllt gebliebenem Kinderwunsch.

Schon zu Kaiserzeiten hatten Damen der besseren Gesellschaft in solchen Notfällen die jeweils modischen Bäder aufgesucht, um in Moorbottiche zu steigen oder Torfeinlagen anderweitig zu probieren. Und gar nicht selten wurden ihre Erwartungen nach den nötigen Monaten zur guten Hoffnung. Was böse Zungen allerdings gerne auf etwaige *„Kurschatten"* oder Angehörige örtlicher Garnisonen zurückführten. Neueste Forschungen haben bestätigt, dass und auf welche Weise bestimmte Badetorfe tatsächlich den weiblichen (und übrigens auch den männlichen) Hormonhaushalt derart verändern, dass die Unfruchtbarkeit behoben wird. Verantwortlich dafür sind verschiedene Säuren, insbesondere Ulminsäure.

Stinkendes Wasser

Dass Bayern um die landschaftlichen Reize des Tegernsees ärmer werde, ließ das Tegernseer Lokalblatt im Juni 1904 seine Leser wissen. Schon damals ging es um eine riesige Spekulation: Im Dorf Wiessee, auf Gründen des uralten Robognhofes, begannen Bohrungen, die ein Ortsfremder, der Holländer Adrian Stoop, bezahlte und technisch leitete. Fördertürme, Pumpen und andere Maschinen ließ der Ingenieur, der schon auf Java erfolgreich war, aus dem fünf Kilometer entfernten Gmund heranschaffen. Er baute eine Pipeline bis zu dieser Stichbahnstation. Tatsächlich wurden drei der elf Bohrungen fündig. Allerdings sprudelte nicht nur das erhoffte Erdöl und Erdgas hervor, sondern aus 676 Metern Tiefe plötzlich ein stinkendes Wasser.

Die Entdeckung brachte aber nicht Fluch, sondern Segen. Denn das 19 Grad warme Erdwasser erwies sich als Deutschlands stärkste Jod-Schwefelquelle. Und so wuchs dann am Westufer des Tegernsees nicht etwa ein Wald von Fördertürmen, wie im damaligen Refugium von reichen Leuten, Malern und Dichtern befürchtet wurde, sondern ein schönes, großes, prosperierendes Heilbad, das einzige im Seenland südlich von München. Während die unrentable Ölförderung 1912 eingestellt wurde, wurde das erste Badehaus errichtet, mit wenigen Kabinen nur. Und zehn Jahre später verlieh das bayerische Innenministerium der Gemeinde den begehrten Vornamen „Bad" – *„zur weiteren Veranlassung"*. Veranlasst – heute würde man sagen: investiert – wurde dann auch fortlaufend bis zum heutigen Tag.

Eine 62 Meter lange Trink- und Wandelhalle erstand. Kurhotels, Pensionen und Sportanlagen gruppierten sich zwischen der Seepromenade und der Ostflanke des 1.100 Meter hohen Semmelberges, die mit Skiliften bestückt wurde. Auch balneologisch rangierte das *„Weltbad"* am Tegernsee mit seinen Therapien und Apparaten immer an der Weltspitze. 1935 wurden schon 156.000 Bäder verabreicht: gegen Asthma, Rheuma, Allergien, Augenleiden. Im Jahr darauf wurde eine zweite Quelle erschlossen und nach der Königin der Niederlande auf den Namen Wilhelmina getauft – bis heute wird der Kurbetrieb von Holländern gemanagt.

Als Mitte der 1990-er Jahre mit der ersten Gesundheitsreform die verordneten Heilkuren dramatisch einbrachen, begann Bad Wiessee in einer Art Vorreiterrolle, eine zweite Säule aufzurichten: den Gesundheitstourismus.

Tatsächlich konnten bald neue, auch jüngere Gästeschichten durch einige Innovationen angesprochen und gewonnen werden: Die Wiessee-Card erlaubte den Gästen, eine oder mehrere Wochen lang allerlei Attraktionen rund um den See einschließlich Ringverkehr und Schifffahrt zu nutzen. Badeärzte hielten Vorträge über Hören und Sehen und alternative Heilmethoden.

Weil Bad Wiessee ein so supermodernes Heilbad geworden ist, warf es sich beizeiten in die Wellness-Welle und veranstaltete sogar die erste bayerische Wellness-Messe. Regelmäßig gibt es Bergtouren, Fasten- und Heilkräuterwandern, Ausflüge mit einer speziell ausgebildeten Landschafts- und Kulturführerin, Tänze des Friedens und dergleichen mehr. Vorläufiger Höhepunkt ist ein Programmbündel namens *„Naturellness"*, welches Natur und Fitness mit einem *„Hauch Luxus"* verbinden will, beispielsweise beim *„Medical Mountain-Biking"*. Vielleicht wird das Heilbad des 21. Jahrhunderts eine Mixtur aus mehreren Elementen sein, wie ja auch das Kurmittel in der Regel ein Konglomerat aus verschiedenen Substanzen ist. Eine Mischung aus Tradition und Fortschritt.

Auch der uralte Robognhof, wo vor hundert Jahren die Förderung von Erdöl und Heilwasser begonnen hatte, ist noch recht rustikal erhalten. Unweit davon findet man eine winzige Kapelle. Sie ist dem Heiligen Quirin geweiht. An dieser Stelle soll der Schutzpatron des Tegernseer Tales einst die Urquelle mit heilkräftigem Wasser entdeckt haben, indem er einem Ölstreifen im Wasser gefolgt war. Schon im 15. Jahrhundert verkauften die Mönche das *„Quirinus-Öl"* in Fläschchen an kranke Pilger. Es soll wahre Wunder bewirkt haben.

Bad Tölz

Seit Mitte des 19. Jahrhunderts entwickelte sich in dem schmucken Isarstädtchen Tölz neben der monopolartigen Flößerei ein neues Gewerbe: die Kur. 1846 hatte der Bauernknecht und Jäger Kaspar Riesch bemerkt, dass das von ihm angeschossene Wild gerne bestimmte Quellen am Sauersberg aufsuchte. Riesch füllte eine Flasche mit dem übel riechenden Wasser und brachte sie dem Arzt Dr. Betz, der Schwefelwasserstoff darin entdeckte. Bald wurde außerdem ein starker Jodgehalt festgestellt.

Erschlossen wurde die Quelle dann von einem Doktor Rohatzsch aus Dresden. Im ehemaligen Zollhaus am Stadtrand richtete der Gerichtsarzt Dr.

Ansicht von Tölz in Oberbaiern.

Rechts der Brücke von Bad Tölz entstand ein Schwefel- und Jodbad

Gustav Höfler die ersten Bäder ein, und im *„Höher Häusl"* eine Kurpension, für die er statt der Strohsäcke richtige Matratzen besorgte. 1849 warb Höfler in einer Brunnenschrift für die Tölzer Kuranlage, die noch lange den Namen *„Bad Krankenheil"* führte.

Nachdem der Freiburger Verlagsbuchhändler Karl Raphael Herder 1856 die Quellen aufgekauft und modernisiert hatte, konnte der Jurist Höfler – die Familie leitete noch lange den Kurbetrieb – 1866 in einem ersten Führer über die Tölzer Kur bereits hervorheben, dass sogar Heilkundige aus Russland und der Schweiz ihre Patienten schickten. Nunmehr standen ihnen 30 Pensionen zur Verfügung, darunter die Villa Herder *„zur Aufnahme von fürstlichen Personen"*. Fünf Mal täglich verkehrten Stellwagen zwischen Tölz und München.

Indes kümmerte sich ein Ortsverschönerungs-Comitee ab 1870 um die Anlage von Wanderwegen und die Anpflanzung von Alleen. Anton Krettner, der Schriftführer, komponierte den berühmten Tölzer Schützenmarsch und setzte sich für eine anspruchsvolle Kurmusik ein, wozu sogar die Münchner Philharmoniker beitrugen. Für die Tölzer Jodkur engagierten sich so namhafte Professoren wie Max von Pettenkofer und Carl Fresenius. Vor allem Kreislauf- und Frauenkrankheiten wurden kuriert, und auch gegen die damals grassierende Syphilis soll das Jodwasser geholfen haben. 1898 erfolgte die Einweihung einer hölzernen *„Wandelbahn"*.

Vom Sauersberg und der neuen Annaquelle verlegte man eine Pipeline bis in das neue Badeviertel am westlichen Isarufer. Hier ließ die findige Familie Höfler nun auch Pastillen, Seifengeist und Jodsodalauge herstellen. Prinzregent Luitpold höchstpersönlich verlieh der Stadt 1899 das Prädikat „Bad". Im selben Jahr noch trugen sich Herrschaften aus St. Petersburg und aus New York in die Gästebücher ein, einige bezogen neue Villen als Sommerresidenz. Jetzt konnten die Kurgäste im Hotel auch schon telefonieren. 1901 stieg die Zahl der gemeldeten Fremden auf 2.847.

Zu den heilungssuchenden Kurgästen gesellten sich, allein angezogen durch die Schönheit und Frische der Stadt und des Landes an der wilden Isar, auch immer mehr betuchte Sommerfrischler. So ließ sich Thomas Mann 1909 auf bewaldeter Höhe ein *„allerliebstes Herrensitzchen"* bauen (heute Heißstraße 13), in dem er bis zum Ende des Ersten Weltkrieges zeitweise, nicht nur im Sommer, wohnte und arbeitete und – in der Regel per Postkarte – viele Freunde einlud. Für seine damals erst drei Kinder war es dort einfach *„das Paradies"*.

Münchens „Stararchitekt" Gabriel von Seidl, Gründer des auf Naturschutz zielenden *„Isartalvereins"*, verwandelte die Tölzer Marktstraße in den *„schönsten Festsaal des Oberlandes"* und entwarf für den auf dem anderen Isaruferhügel aufblühenden *„Badeteil"* noch vor dem Ersten Weltkrieg ein großzügiges Kurhaus. Das 1929 eingeweihte Städtische *„Verkehrshaus"* zählte im gleichen Jahr knapp 13.000 Gäste. Es gab aber auch Klagen darüber, dass sowohl der Verkehr im Kurviertel wie auch die ausländische Konkurrenz deutlich zunahmen. Der Münchner Stadtbaumeister Karl Fischer fügte 1930 dem Kurhaus eine große Trink- und Wandelhalle hinzu.

Wegen dieses Neubaus kam es 1932 zu einem Eklat: Anton Höfter, inzwischen Mehrheitsaktionär der zeitweise stark verschuldeten Jodquellen AG, verweigerte dem Münchner Parteiführer Adolf Hitler die Nutzung seiner Halle für Kundgebungen. Das hatte fatale Folgen: auf einem Teil von Höfters Grundbesitz wurde die SS-Junkerschule (heute u.a. Sitz des Landratsamtes) hingeklotzt, außerdem musste die Stadt *„bedürftigen SA-Männern"* kostenlose Kuraufenthalte gewähren. Diese Anordnung und später die Zuweisung von Verwundeten führten dazu, dass Bad Tölz im Kriegsjahr 1941 die erstaunliche Zahl von fast 400.000 Übernachtungen von 14.000 *„Gästen"* zu verzeichnen hatte. Dem Massentourismus waren nun Tür und Tor geöffnet (siehe auch „Alpamare" im Kapitel „Freizeit- und Erlebnisbäder").

Jod statt Öl

Erstmals in Deutschland gelang es dem oberbayerischen Kurort Endorf, die Erdwärme sowohl balneologisch als auch wirtschaftlich zu nutzen, ein weiteres Kurmittel, das Jod, in die oberbayerische Bäder-Mixtur einzuführen und nebenbei noch die Umwelt-Atmosphäre zu verbessern: 1962 stieß die vom Freistaat Bayern beauftragte Deutsche Erdöl-Aktiengesellschaft bei einer Versuchsbohrung am Westhang zum 1.300 Meter vom Ort entfernten Simssee in 4.848 Metern Tiefe auf eine 115 Grad heiße Sole. Die Gemeinde unternahm daraufhin alle Anstrengungen, um diesen Bodenschatz zu heben. Bis 1969 dauerten die Verhandlungen.

Ein halb privater, halb kommunaler Verein erkundete die möglichen Nutzungen und richtete versuchsweise schon mal ein *„Jodbad"* ein: mit vier Massagekabinen und Wannen, wo zwei Masseurinnen und eine Ärztin tätig wurden. Nach weiteren Verhandlungen konnten Zuschüsse des Freistaats

Die „Schwanenhälse" im Bad Endorfer Außenbecken.

und der EU gewonnen werden, so dass man endlich ein richtiges Kurmittelhaus mit Hallenbad, eine Klinik mit 300 Betten und 1988 noch ein Freibad auf die grüne Wiese stellen konnte. Seit 1987 darf sich der Markt Endorf, als Heilbad vom bayerischen Innenministerium anerkannt, Bad Endorf nennen.

Das ortseigene Thermalwasser hat – und das ist nun das Besondere für das deutsche Bäderwesen – einen Jodgehalt von 50 Milligramm pro Liter. Das ist ein Spitzenwert in Europa. Jodhaltige Quellen wirken entzündungshemmend, kreislaufanregend, blutdrucksenkend, beeinflussen Knochenbau und Muskulatur. *„Jod ist unter den wasserlöslichen Mineralien dasjenige, das am effektivsten durch die Haut in den Körper dringt"*, attestierte Professor Jürgen Kleinschmidt vom Balneologischen Institut der Universität München.

Neue Bohrungen erschlossen dann in 1.880 bis 2.175 Metern Tiefe weitere Quellen. An die Oberfläche gepumpt wird die Jod-Thermalsole mit einer Temperatur von rund 60 Grad. Um sie zur Beheizung der Bäder nutzen zu können, muss sie zunächst auf 33 bis 35 Grad abgekühlt werden.

Der modernisierte Außenbereich der Chiemgau-Therme

Für Bewegungs- und Wannenbäder wird etwa ein Drittel der bis zu 300.000 Kubikmeter Warmwasser aufbereitet, die pro Jahr gefördert werden. Anschließend senkt eine Wärmepumpe die Temperatur auf 23 Grad. Die dabei gewonnene Energie unterstützt das Heizsystem des Heilbades. Außerdem entzieht man dem Wasser durch einen Entgaser das Methan, das wiederum ein Blockheizwerk antreibt.

Neue Errungenschaften im Jodbad Endorf waren außerdem ein Osteoporose-Messplatz, mit dem Erkenntnisse über die Feuchtigkeit in Knochen gewonnen werden, und im Reha-Zentrum ein sogenannter *„Körper-TÜV“*, der die muskuläre Belastbarkeit von Freizeitsportlern, aber auch von bewegungsarmen Büromenschen analysierte und per Videoausdruck dokumentierte. Die *„geothermische Wasserkur“* sollte aber nicht nur die therapeutische und wirtschaftliche, sondern auch die klimatische Situation in Bad Endorf verbessern, indem Öl und Erdgas allmählich durch die Heizenergie aus der Erdtiefe abgelöst werden.

Nach einem zwei Jahre dauernden Umbau und einer Generalsanierung war Bad Endorf *„vom Kurbad zum Erholungs- und Wellnessbad"* geworden. Heute bieten die Chiemgau Thermen, wie sie sich seither vermarkten, eine Wasserfläche von insgesamt rund 1.800 Quadratmetern mit ganzjähriger Badegarantie drinnen und draußen. Circa 26 bis 34 Grad warme Innen- und Außenbecken ermöglichen ultimatives Thermenvergnügen mit Gesundheitsbonus inmitten voralpiner Landschaft. Die Saunawelt, der Wellnessbereich, das PROMOVEO Kompetenzzentrum für Fitness und Gesundheit und seit Sommer 2016 eine Salzgrotte sorgen zusätzlich für nachhaltigen Erholungseffekt. Schließlich befinden sich im Gebäude der Chiemgau Thermen auch noch die Simssee-Rehaklinik, zu der auch eine Ambulanz mit Sport- und Rehabilitationsdiagnostik gehört.

Kuren macht Spaß

Salz, Sole, Moor, Jod, Mineralien – Deutschlands Kurmittel schienen unerschöpflich. Sogar die alpennahe Luft wurde schließlich als heilbringend entdeckt – damit warben jedenfalls die vielen *„Heilklimatischen Kurorte"*. Von der Anwendung von einfachem, kaltem Wasser wiederum profitierten die *„Kneipp-Kurorte"*. Und gar noch das Sonnenlicht wurde mancherorts als heilsam gepriesen (was aber später wieder verworfen wurde). Vielfach vermischte man die verschiedenen Anwendungen.

Von Beginn an nutzten die Besucher die Bäder allerdings eher als Unterhaltungs- und Begegnungszentren und nicht unbedingt zum Zweck der Gesunderhaltung, der Rehabilitation oder gar der Therapie. Vielmehr wurden Kultur- und Sportprogramme überall groß geschrieben. Und oft gehörten, wie in Bad Wiessee, auch Spielbanken zum Standard. Für viele Stadt-Menschen war und ist der Aufenthalt eine mehr oder weniger *„nasse Gaudi"*.

Die jüngste Geschichte der südbayerischen Heilbäder nun, die voller Höhen und Tiefen ist, begann 1946, als gerade mal zwei der klassischen Bäder, Bad Reichenhall und Bad Heilbrunn bei Tölz, den vorerst noch sehr beschränkten Kurbetrieb wieder aufnahmen. Aber bald schon konnte, so die erste Bilanz, eine *„Hochflut von Anfragen mit bestem Willen nicht bewältigt werden"*. Zunächst steuerten die Bäder klar auf Kurs Gesundheitstourismus. Waren sie doch fast gänzlich abhängig von den Sozialversicherungsträgern.

Erst nach Prüfung strenger Kriterien wurden Kuren überhaupt genehmigt, und diese mussten drei Wochen dauern, wohl oder wehe. Ungeregeltes, unbeschwertes Baden im Kurhotel oder im Kurhaus blieb für den Kurgast eine eher nebensächliche Aktivität.

Die wenigen Orte, die das staatliche Prädikat „Bad" bekamen, mussten den schönen Vornamen eher ein bisschen belastend empfinden. Zumal sie sich regelmäßig auf Herz und Nieren, d.h. auf hundertprozentige Wertigkeit ihrer Angebote, überprüfen lassen mussten. Allmählich begannen sie denn auch zu kränkeln. Zumal potentielle Kunden durch immer mehr Warmwasser-Ziele angelockt wurden. Und zumal die Kassen wegen der Kostendämpfung durch die von Bonn verordnete *„Gesundheitsreform"* nicht mehr so viele Kuren bewilligen wollten und viele Betten kündigten. Die Einbrüche gingen mancherorts an die Substanz.

Woher diese wachsende Abneigung gegen eine systematische Kur? Eine Umfrage des Starnberger Studienkreises für Tourismus brachte 1983 drei weit verbreitete Vorurteile zum Vorschein: Die Kur sei zu teuer, sie käme nur Kranken oder Älteren zugute und sie helfe kaum. 48 Prozent der 1.500 Befragten hatten noch nie eine Kur gemacht, aber immerhin 58 Prozent waren bereit, sich im Urlaub gesundheitsbewusst zu verhalten.

Aus all diesen Gründen versuchten die Heilbäder mehr und mehr, Bürokratie abzubauen und sich wesentlich breiter, geradezu volkstümlich aufzustellen, ohne ihren heilbringenden Ruf zu verlieren. Sie wollten jüngere Gäste anlocken und auch gesunde Menschen, die nur einfach dem Krankwerden vorbeugen wollten. Von ihren Fachverbänden kamen Botschaften wie *„Opas Kur ist tot"*, oder: *„Gesundheit und Lebensfreude – die Kur schafft's"*. Oder einfach: *„Kuren macht Spaß"*.

Die verschiedensten Rezepte gegen die schleichende *„Kurkrise"* wurden erprobt. Diese betrafen sowohl die Inhalte wie vor allem die Vermarktungsstrategien. Da gab es nun Initiativen wie eine Werbeaktion *„Gesundzeit in Bayern"*, Kurz-, Schnupper- und Kompaktkuren, Untersuchungen zum Nachweis der Kurwirkung, Kombinationen mit Kultur und Sport. Manches war umstritten. Bei Anhängern der strengen *„deutschen"* Kur war all das als unwissenschaftlich verpönt. Doch selbst einige Wissenschaftler erkannten die Notwendigkeit, Neues zu erproben und gleichwohl zu uralten Bäder-Sitten zurückzukehren. Sie versuchten, die Wirkung einer Kur nicht nur am rein medizinischen Erfolg zu messen.

Vielmehr stellte Professor Wolfgang Schmizer vom Balneologischen Institut der Universität München fest: *„95 Prozent fühlten sich nach der Kur einfach wohler und 90 Prozent wollen sie wiederholen."* Die Meinung, eine Kur helfe kaum, widerlegte der Bade-Arzt durch genaue Untersuchungsergebnisse. Danach hatten sich bei Testpersonen, denen in Thermalbädern ein Programm mit angeleitetem Schwimmen, Gymnastik, Terrain-Training, Wanderungen und Fahrradtouren *„verordnet"* worden war, die Beweglichkeit der Halswirbelsäule, die Elastizität der Brust- und Lendenwirbelsäule, die Ausdauer der Rumpfmuskulatur und die allgemeine Kraft um jeweils bestimmte Prozentpunkte gebessert.

Wellness schlägt Wellen

Wohlbefinden und Besserung des organischen Empfindens galten den Heilbädern nunmehr als wichtigste Werte. Gegen Ende des 20. Jahrhunderts erschienen zwei neue Mode-Begriffe gleichsam als Allheilmittel: *„Fitness"* und *„Wellness"*. Was genau darunter zu verstehen war, konnten die deutschen Bade-Experten zunächst einem amerikanischen Standardbuch entnehmen: Yoga, Biofeedback, transzendentale Meditation, Abkehr von Nikotin und tierischen Fetten, Fahrsicherheit, Sex im Alter, aber auch Schutz vor Aids.

Der Bayerische Bäderverband gab einen *„Ratgeber Fitness"* heraus, der sehr präzise aufschlüsselte, welche der 44 angeschlossenen Orte für welcher Art Leiden besonders geeignet seien. Fremdenverkehrsminister Anton Jaumann wollte damit verdeutlichen lassen, *„dass man auch durch einen selbst bezahlten Gesundheits- oder Kururlaub seine Gesundheit gezielt fördern kann"*. Hauptzielgruppe waren die Altersgruppen zwischen 35 und 39 Jahren.

Tatsächlich prognostizierte man 1984 auf dem Bädertag in Garmisch-Partenkirchen eine Konsolidierung und womöglich sogar wieder einen Zuwachs. 1998 meldete die Industrie- und Handelskammer für München und Oberbayern, dass wieder 28 Prozent der Kurorte und Heilbäder in der Region mit der Geschäftslage rundum zufrieden seien – zum Höhepunkt der Gesundheitsreform waren es nur zehn Prozent. Die Wiederaufwertung des Spaß-Faktors schien sich zu lohnen.

Seit 2001 schließlich versuchte es der organisierte Bayern-Tourismus, dem auch der Heilbäderverband angehört, mit der Supermarke *„WellVital*

Wellness heißt einfach nur: sich wohlfühlen

in Bayern". Diese wollte den Gesundheitsmarkt neu besetzen und strukturieren. Die eigentliche Kur blieb in diesem langfristig angelegten Konzept nur noch eine von sechs Angebotsgruppen, neben den anderen *„Modulen"* (so der Marketingbegriff): Aktiv, Relax, Schlank, Mental und Beauty.

Vom Algenbad bis zum Yoga reichten die in einer Broschüre *„Wellnessurlaub"* beschriebenen Angebote. Da wimmelte es von Kräutergärten und -wanderungen, von Bädern in Heublumen, Molke und Nachtkerzenöl. Öfter gab es türkische Rasulbäder, arabische Hamam, indisches Ayurveda (Entschlackung mit Ölen und Diät), chinesisches Senergy (rhythmische Dehn- und Druckmassage mit Hilfe eines elektrischen Stuhls) und die japanische Intensiv-Massage Shiazu.

Im Großen und Ganzen gilt dieses Konzept nach wie vor. Die Heilbäder sollen jedenfalls wichtige Stützen eines modernen bayerischen Fremdenverkehrs bleiben. In keinem der Bäder im Einzugsbereich von München fehlt es an solchen Handreichungen, und seien sie noch so exotisch; die

Prospekte sind übervoll davon. *„Wir punkten nicht nur mit unserer medizinischen Kompetenz und unseren ortsgebundenen Heilmitteln"*, sagte der Vorsitzende des Bayerischen Heilbäderverbandes, Klaus Holetschek, als er für 2016 eine wieder positive Bilanz vorlegte. Längst hätten sich die Heilbäder auch zu beliebten Reisezielen für gesundheitsbewusste Aktiv-Urlauber entwickelt.

Bad Reichenhall, verjüngt

Als hervorragendes Beispiel für solche Verjüngung im oberbayerischen Kurwesen darf Bad Reichenhall genannt werden. Am Anfang stand eine Katastrophe. Bei einem Stadtbrand waren nicht nur große Teile des mittelalterlichen Salinenstädtchens vernichtet worden, sondern auch das vor den Toren liegende Landschlösschen Achselmannstein. Als *„Sole- und Molkekuranstalt"* wurde es von seinem Besitzer, dem Vorstand des Hauptsalzamtes, wiederaufgebaut und 1846 mit *„ganz neuem Ameublement"* sowie zunächst 15 Badekabinetten eröffnet. Die Trinkmolke wurde täglich von der Kugelbachalm geliefert; doch dieses Kurmittel hat hier längst ausgedient, geblieben ist das Salz in allen möglichen Aggregatzuständen.

Nachdem der junge Bayernkönig Max II. 1848 fünf Wochen lang im Achselmannstein gekurt hatte, wurde Bad Reichenhall ein Treffpunkt der vornehmen Welt. Vorzugsweise im später so benannten *„Grand Hotel Axelmannstein"* versammelte sich Europas Hoch- und Geldadel nicht nur zur Kur, sondern auch zur *„Table d'hote"* und zum allwöchentlichen Ball. 1904 warb das bayerische Alpenbad bereits als *„Weltbad"* und zeigte sich als Ziel eines bis Petersburg und Odessa reichenden Eisenbahnnetzes.

Sensationelle Neuerungen im internationalen Kurwesen wurden hier befördert. Der Apotheker und langjährige Bürgermeister Mathias Mack entwickelte Naturheilmittel, die heute noch hergestellt werden. Schon damals gab es ein Wellenbad, es wurde mit Dampf betrieben. Auch konnten Patienten mit Atemwegserkrankungen – immer noch die eigentliche Zielgruppe – die erste pneumatische Druckkammer der Welt aufsuchen; sie ist heute eine Sehenswürdigkeit im Kurmittelhaus. Dagegen war das Automobil nicht gern gesehen. Noch 1905 mussten Kurgäste, die per Motorwagen anreisen wollten, eine amtliche Genehmigung einholen.

Darauf hat das moderne Heilbad zurückgegriffen. 1974 hat man eine der ersten Fußgängerzonen Bayerns eingerichtet. Sie ist eine der schönsten Deutschlands geblieben. Wegen ihrer vorbildlich *„differenzierten Raumfolgen, Platzbildungen, Erlebnisbereiche und Brunnen"* bekam sie unter 400 Konkurrenten einen internationalen Ersten Preis. Vorreiter war Bad Reichenhall auch beim staatlich geförderten Programm *„Autofreie Kurorte"*.

Verbunden mit der Fußgängerzone ist der Kurpark. Mittendrin steht ein seltsamer, 160 Meter langer Holzbau, den man für einen mit Stroh gefüllten Stadel halten könnte. Es ist das alte Gradierwerk, in dem ständig 150 Liter Sole, in 13 Meter Höhe gepumpt werden, über 90.000 Schwarzdornbündel rieseln und dabei zerstäuben. Dadurch wird die Luft rundum mit Salz angereichert, und diese *„Salzbriese"* wiederum erleichtert das Atmen.

Als die aus den 1970er-Jahren stammende Therme den Ansprüchen des Staatsbades nicht mehr genügte, ließ man sie abreißen und vom deutschen „Bäderpapst" Rudolf Wienand einen Neubau aus Holz, Schiefer und teils farbig hinterleuchteten Glaselementen entwerfen, mit großem Solebecken,

Die Rupertus-Therme von Bad Reichenhall, mit Blick auf die Berge

Außenbecken und Park. Dies war die zeitgemäße Variante eines antiken Tempels, der im März 2005 als „Rupertus-Therme“ eröffnet wurde. 2011 wurde nochmal modernisiert und auf 18.900 Quadratmeter erweitert. Jetzt firmiert das Ganze als „Spa&Familien Resort“.

Viele Millionen haben Sanierung und Umbau der historischen Anlagen gekostet, Bayern kümmert sich um sein *„Staatsbad“*, das schon König Ludwig I. verschönert hat.

Das Alte Kurhaus, nun mit 700 Plätzen, bereichert das Konzert- und Theaterleben in ganz Südostbayern. Fünf Jahre lang hat man das *„Conversationshaus“* von 1900 nach Fotos und Originalplänen von Max Littmann (er hat in München das Prinzregententheater und das Hofbräuhaus entworfen) mitsamt seinen Goldsäulchen, neubarocken Ornamenten und dem prächtigen Staatswappen restauriert; sogar ein Deckenfresko kam zum Vorschein. In diesem Palast rollte einst buchstäblich der Rubel, hier gab es damals sogar schon Schönheitskonkurrenzen.

Längst bietet Deutschlands südlichstes Heilbad die *„Kur im Alpenklima“* nicht nur kränklichen oder älteren Kunden an, sondern allen körper- und

Auch abends bietet Reichenhalls Therme einen imponierenden Anblick

gesundheitsbewussten Menschen. In grünblauen Ruheräumen des Kurgastzentrums trifft man sich zum Muskel- und Körpertraining oder erfährt von der Gesundheitspädagogin, welche Musik für bestimmte Lebens- und Stimmungslagen gleichsam als Heilmittel geeignet ist. Auch mit der *„Atemkur"* und der *„Hautkompaktkur"*, wobei maximal 15 Patienten von Ärzten und Therapeuten ambulant betreut werden, hat Bad Reichenhall wegweisende Zeichen gesetzt in der (gesundheits)reformbedürftigen deutschen Kurlandschaft.

Dergleichen nennen die Bäder-Manager heute Beauty und Wellness. Klar wie Salzsole, dass das wieder jung gewordene Alpenbad auch auf diesen Wellen schwimmt. In einer *„Spa Oase"* ist das Angebot beispielsweise so gefächert: Cleopatrabad, Steinbad, Brechelbad, Alpenheubad im Kraxenofen, *„Strandfeeling im Sabbia Med"*. Und nachmittags wird zum Ganzkörpertraining in freier Natur gebeten, zum *„Nordic Walking"*. Auch die Philharmonie, die einmal mit 40 Musikern als *„größtes Kurorchester der Welt"* auftrat, bringt sich ein in die neue Bade-Kultur: Das Repertoire reicht jetzt von der Klassik über Rock bis zur symphonischen Dichtung, und gelegentlich wird in kleiner Besetzung zum Abendessen aufgespielt.

Kult- und Ritualbäder

Die Täufer

Nach dem Gottesbekenntnis steigt der weiß bekleidete Täufling in das *„Baptisterium"*, das sich im neuen Gemeindezentrum im Münchner Glockenbachviertel befindet. Doch kann das Ritual auch in einem Gewässer irgendwo im Freien stattfinden. Brusttief im Wasser stehend, wird der Täufling vom Pastor oder vom Gemeindeältesten nach Verlesen eines Bibelspruchs sanft untergetaucht, indem er rücklings ins Wasser gelegt wird. Damit ist die Taufe im Namen des dreieinigen Gottes vollzogen. Sodann darf der frisch Getaufte die nasse in trockene Kleidung wechseln, bevor er feierlich in die Gemeinschaft aufgenommen wird.

Natürlich erinnert der Vorgang an die Taufe Jesu im Fluss Jordan durch Johannes den Täufer. Auf diese Weise praktizieren jedenfalls die 640 Münchner Baptisten heute noch das Sakrament der Taufe. Ganz ähnlich wird es von den Adventisten, den Zeugen Jehovas und einigen anderen Glaubensgemeinschaften vollzogen. Für sie symbolisiert es in erster Linie die Reinigung und die verbindende Zugehörigkeit, für einige Gruppen auch die Wiederauferstehung des Leibes aus Wasser und Geist.

Schon im Urchristentum galt das Untertauchen als Symbol für das *„Begrabenwerden und Auferstehen mit Jesus Christus"*. Diese Taufart eines Körperbades wird heute jedoch nur noch in den Ostkirchen und in etlichen Freikirchen praktiziert, während die beiden christlichen Großkirchen dieses Ritual längst auf das bloße Übergießen des Neugeborenen reduziert haben und zwei kleinere Religionsgruppen sich auf einfaches Besprengen beschränken.

Aus einem Wort der Deutschen Bischofskonferenz klingt ein gewisses Bedauern über den Verzicht auf das Ritualbad in seiner Ursprungsform heraus: *„Die Taufe durch Untertauchen ist besser geeignet, die Teilnahme am Tod und an der Auferstehung Christi auszudrücken. In unseren Verhältnissen wird es im Allgemeinen bei der Taufe durch Übergießen bleiben."* (Die evangelische Kirche tauft nicht nur den Säugling, sondern auf Wunsch auch noch das Kleinkind.)

Das Judenbad

Jüdischen Bürgern Münchens war der Besuch der *„Christenbäder"* bei Strafe verboten. Ein „Ratssatzungsbuch" aus dem Jahr 1372 ordnete an, dass *„khain pader den juden, ir hausfrawn, irew chind, ire halten* (Dienstboten*) paden sol"*. Eigene *„Judenbäder"* konnten in München bisher noch nicht nachgewiesen werden, eines befand sich, wie der München-Kenner Rudolf Hartbrunner ausgeforscht hat, möglicherweise in der Synagoge in der Gruftgasse.

Über Ritualbäder für die Münchner Bürger mosaischen Glaubens existieren jedenfalls nur sehr spärliche Quellen. Ein späteres Ritualbad könnte sich in einem Rückgebäude an der Mathildenstraße 4, wo es heute eine große Sauna gibt, befunden haben. Im Jüdischen Kalender von 1928 heißt es dazu lapidar: *„Anmeldung bei der Verwalterin Frau Johanna Falkenstein, dortselbst."* Unter diesem Eintrag sind aber immerhin drei rituelle Speisehäuser, sechs Verkaufsläden für Mazzoth, zwei für rituelle Lebensmittel, fünf koschere Metzgereien und ein koscheres Milchgeschäft aufgeführt. Vielleicht war den Münchner Juden damals das Essen wichtiger als das Baden.

Das sollte sich nach dem Zweiten Weltkrieg ändern, als eine sehr große Zahl jüdischer Menschen aus den Lagern nach München kam. Am 8. Oktober 1946 bat Philipp Auerbach, der Staatskommissar für rassisch, religiös und politisch Verfolgte, in einem Brief an Oberbürgermeister Karl Scharnagl *„höflichst"*, ihm für das Central Comitée ein rituelles Tauchbad zur Verfügung zu stellen. Dafür schlug er den Keller des Müllerschen Volksbades vor. Einen Plan reichte der Oberrabbiner der US-Besatzungszone auch gleich ein. Die noch kleine, amerikanisch betreute israelitische Gemeinde wollte das mit zwei Kabinen auszustattende Bad zunächst auf zwei Jahre pachten.

Das städtische Gesundheitsamt hatte jedoch *„schwerste hygienische Bedenken"*, weil die Betreiber für das Bad unbedingt Wasser aus dem vorbeifließenden Auermühlbach ohne Reinigung verwenden wollten. Später bemühte sich die Gemeinde noch einmal um ein Schwimmbad im Unterbau des Nordbades. Aber eine Probebohrung ergab, dass die Dichte des großen Hallenbades in Gefahr gekommen wäre.

Ein Ritualbad, eine Mikwe, befand sich indes bald nach Kriegsende bei Wolfratshausen, im großen Sammellager für jüdische DPs (Displaced Persons). In der NS-Zeit war es Männerbad für Rüstungsarbeiter. Ab 1957 nützte es die Katholische Kirche als Studentenheim und teilweise als Waschküche. Dann stand es lange leer und verkam. 2015 übereignete das Ordinariat dieses Relikt der Zeitgeschichte dem Verein *„Bürger fürs Badehaus Waldram-Föhrenwald"*. Bis 1957 nämlich hieß der Ort Föhrenwald, dann erfolgte die Umbenennung in Waldram, heute ist es ein Stadtteil von Wolfratshausen. Die Bürgerinitiative will das ehemalige Judenbad sanieren und im Rahmen eines größeren Projekts als Erinnerungsstätte ausbauen.

Doch auch ohne das – in einigen deutschen Städten noch rudimentär auffindbare – Tauchbad sind rituelle Waschungen für religiöse Juden ein Gebot. Sie spülen sich vor dem Synagogengottesdienst den Mund aus, um sich von allen Gräueln zu reinigen, die mit heidnischer Lebensweise einhergingen. Derzeit gibt es in Südbayern ein einziges rituelles Bad, es befindet sich im Untergeschoss der neuen Ohel-Jakob-Synagoge am Münchner Jakobsplatz. In ganz Deutschland sind etwa dreißig in Gebrauch, aus früheren Zeiten sind über 400 nachweisbar.

Der Besuch einer Mikwe ist heute nur noch Frauen nach der Entbindung und Menstruation vorgeschrieben, aber längst nicht alle befolgen das alttestamentarische Gebot. Es geht dabei – dem Buch Mose zufolge – auch keineswegs um die körperliche, sondern um eine kulturelle Wiederherstellung der Reinheit.

Diese Mikwe befindet sich im Untergeschoss der Münchner Synagoge

See- und Baggerbäder

Große Badewannen

Was für ein schönes Erbe der Würmeiszeit! Nicht weniger als 19 kleine und größere Seen, die Wissenschaft nennt sie unschön *„Toteis-Seen"*, haben die vor mehr als 10.000 Jahren zurückgewichenen Gletscher im Süden Münchens hinterlassen. Fast alle laden zum Bade. Noch etwas südlicher der Osterseen sind es einige mehr. Die der Landeshauptstadt nächstgelegenen hat die Tourismuswerbung zum *„Fünfseenland"* vereinigt. Den dortigen Bewohnern und – in wachsenden Mengen – den Ausflüglern aus München dienen die weithin noch idyllischen Gewässer für vielerlei Zwecke, nicht zuletzt als mehr oder weniger große *„Badewannen"*.

Schon 1788 schwärmte der Münchner Gelehrte Lorenz Westenrieder: *„Kein anders verhältnismäßiges Land in Europa ... hat, wie Baiern, so viele und so überaus reizende Seen, worunter der See zu Starenberg gleichsam den Anfang macht."* Woraufhin dann die schöne Gegend erst so richtig bekannt und bereist wurde, nachdem sie zuvor sozusagen der Geheimtipp des Herrscherhauses war. Zum puren Gaudium sowie zur Hirschjagd hatte Bayerns erster Kurfürst Ferdinand Maria die Wogen des Würmsees, wie der zunächst hieß, mit seinem Prunkschiff *„Bucentaurus"*, mit komplettem Hofstaat auf einer ganzen Flottille gekreuzt.

Der Starnberger See

Das damals schon von kleinen Schlössern und Klöstern gesäumte Seenland bei Starnberg eignete sich für derlei Vergnügungsreisen, eine Frühform des Fremdenverkehrs, ganz besonders. Mit dem Stellwagen war man von der 25 Straßenkilometer entfernten Residenzstadt München schnell am schönen Ufer. Als dann der Münchner Baurat Hans Ulrich Himbsel 1854 auf eigene Kosten eine 20 Kilometer lange Eisenbahnlinie von Pasing nach Starnberg bauen ließ, wodurch die Anreise auf 55 Minuten verkürzt wurde, entwickelte sich sogleich ein Ausflugsverkehr, der sich zunächst auf die neuen Dampfschiffe bezog, bald aber auch mit einem regen Badebetrieb

Ansicht des Starnberger Undosabades um 1898

verbunden war. Zwischen Starnberg und Possenhofen bauten sich Münchner Bürger und Künstler eine Großvilla nach der anderen, so dass der ganze Uferstreifen bei den Anwohnern als *„Protzenhausen"* bekannt wurde.

Im Jahr 1860 ließ der Apotheker Schonger die ersten Badekabinen zimmern; nach Geschlechtern getrennt, konnte man von da aus, durch Jalousien, den Blicken von Schwimmern und Ruderern entzogen, direkt ins Wasser steigen. Bald erließ die Gemeinde noch strengere Regeln; verboten war beispielsweise die Pferdeschwemme, weil sie die Badenden beunruhigte.

„An einem dieser brennend heißen Tage war es am Seeufer besonders lebhaft. Drüben in den Badehäusern der Herrschaftsvillen und in der Badeanstalt vom Fischer Liedl tollten die lärmenden Sommerfrischler, herüben in den Schilfhütten wir Dorfbuben, jeder Fleck am Ufer war besetzt, lustiges Geschrei herrschte überall, und der Nero auf dem Steg stieß ab und zu sein fast klagendes Gebell in die Luft, weil der Lenz und der Maurus ihn von weit draußen immerfort riefen."

Oskar Maria Graf in „Autobiographische Schriften", 1932

Einzigartig in Deutschland war das auf Pfählen errichtete, 1905 eröffnete Undosa-Wellenbad. Eine weitere Exklusivität war der zehn Meter hohe

Der Starnberger See ist Münchens beliebteste Badewanne geblieben

Sprungturm. Das Schwimmbecken hatte man in den See hinein gebaut, und, um noch mehr Meeresstimmung herbei zu zaubern, einen künstlichen Strand aufgeschüttet, mit Sand vom Main-Ufer. Auf einem Sonnendeck wurden Getränke unter riesigen Sonnenschirmen serviert. Im Eintrittspreis von 60 Pfennig war sogar die Badewäsche enthalten. Kinderlärm war zeitlich begrenzt. 1925 kam ein großer Festsaal hinzu. Das Undosa war das Bad der besseren Münchner Gesellschaft. Kriegszerstörungen, häufige Umbauten und hohe Unterhaltskosten erzwangen 1978 die Schließung. 1981 wurde das baufällig gewordene Gebäude abgerissen. Unter dem Namen Undosa segelt heute nur noch ein Restaurant. Inzwischen hat Starnberg ein anderes Strandbad, das durch einen Steg mit dem städtischen Hallenbad verbunden ist.

Der Ammersee

In den 20er Jahren des 20. Jahrhunderts dehnte sich der Fremden- und Ausflugsverkehr über die ganze Region aus, bis hinüber zum bislang stilleren Ammersee. Zuerst tummelten sich Wasserskiläufer und im Winter die Schlittschuhläufer auf dem 21 Kilometer langen *„Bauernsee"*, dem drittgrößten Bayerns. Der Sommer 1929 beispielsweise war voller Veranstaltungen,

Badeidyll am Ammersee

von der Faltbootstaffelfahrt bis zur Historischen Fischerhochzeit. Just in jenem Jahr wurden auch die ersten Umkleidekabinen in Utting gebaut, sie stehen mit wenigen Änderungen noch im Original. Ein Sandstrand wurde aufgeschüttet und mit einer Mauer befestigt. 1936 wurde der erste Sprungturm errichtet, 2001 ein neuer.

Der Ammersee war und ist immer noch eine der beliebtesten Großbadewannen für die Großstädter. Das gilt vor allem für seine Ostufer bei Herrsching und sein bebuschtes Nordufer bei Stegen, das direkten Anschluss an die Autobahn hat. Der Westen dagegen gehörte lange Zeit eher den Augsburgern, denn Utting ist eine Eisenbahnstation auf der Strecke von der Schwabenstadt nach Weilheim. In seinen jungen Jahren war ein gewisser Berthold Eugen Brecht dorthin gedampft; später konnte er sich dank seiner Einnahmen aus der *„Dreigroschenoper"* sogar eines Hauses in Utting erfreuen (*„Sieben Wochen meines Lebens war ich reich"*). Schwimmen bedeutete Brecht mehr als Sport, nämlich: sich treiben lassen, frei sein, glücklich sein. Wasser war für ihn Leben:

„Im bleichen Sommer, wenn die Winde oben
Nur in dem Laub der großen Bäume sausen
Muß man in Flüssen liegen oder Teichen
Wie die Gewächse, worin Hechte hausen.

Der Leib wird leicht im Wasser. Wenn der Arm
Leicht aus dem Wasser in den Himmel fällt
Wiegt ihn der kleine Wind vergessen
Weil er ihn wohl für braunes Astwerk hält ..."

Bert Brecht, 1919

Kleine Idyllen

Erst in der zweiten Hälfte des 20. Jahrhunderts konnten sich auch die drei kleineren Seen im Südwesten Münchens als Badewasser vermarkten. Der Pilsensee hat einen großen Campingplatz und auf der Anhöhe von Seefeld ein gräfliches Schloss mit Biergarten und viel Kultur. Am Wörthsee mit seiner *„Mausinsel"* haben die Münchner *„Wasserfreunde"* ihr Quartier aufgeschlagen. Das mit gerade mal 720 Metern Länge kleinste dieser Badegewässer, der Weßlinger See, hat die von der Landwirtschaft herrührende Eutrophie aufwändig gebannt. Auf drei Kilometern Umfang hat das *„Künstlerdorf"* Weßling die von Schilf und Bäumen gesäumten Ufer saniert, stellenweise auch befestigt.

Das Bayerische Landesamt für Gesundheit meldet für Oberbayern nach aktuellem Stand genau 147 Badeanlagen an Seen, vom Abtsee bis zum Wörthsee. Im Landkreis München sind es sieben, die zum Bade laden, aber nicht alle dieser kleinen Seen und Weiher genügen den strengen EU-Richtlinien zur Wasserqualität, die regelmäßig überprüft wird. Diesen Standard haben im unmittelbaren Umkreis der Großstadt gegenwärtig nur vier Badeseen: in Kirchheim, Garching, Unterschleißheim und Unterföhring. Bei Letzterem handelt es sich um den außerordentlich beliebten Feringasee, der beim Bau der Autobahn entstanden ist.

Viel Ruhe finden Badegäste am Weßlinger See

Ausgebaggert

Die Baggerseen rund um München sind ein ganz besonderer Bestandteil der oberbayerischen Seebäder. Entstanden sind sie durch den Aushub von Kies für große Bauvorhaben, insbesondere für die Autobahn München-Augsburg. Schon in den 1930er-Jahren bildete sich im Nordwesten Münchens die Struktur für eine regelrechte Seenplatte. Die eigentliche Erschließung als Freizeitareale und Badegewässer folgte erst lange nach dem Zweiten Weltkrieg.

Noch 1950 ging es bei Lochhausen recht wild zu: Zahllose Autos und Fernlastzüge stoppten, damit sich die Fahrer im Baggerloch erfrischen konnten. Dazu kamen an schönen Tagen Tausende von Radlern aus der Stadt, viele benützten die Betondecke der Autobahn zum Sonnen, sie verrichteten überall ihre Notdurft, zertrampelten die Kartoffelpflanzen. Die Straßenbauverwaltung konnte nicht umhin, die sehr steilen Kiesufer abzuflachen, sanitäre Missstände zu beseitigen, eine Liegewiese, eine Autobahnausfahrt, einen Parkplatz und einen Ring um den See zu planen.

Für Badezwecke wurden die ersten dieser Baggerseen ab 1969 systematisch ausgebaut. Im August 2000 wurde die *„Langwieder Seenplatte"* eröffnet. Sie besitzt fast alles, was von einer modernen Badelandschaft zu erwarten ist: die größte Wasserfläche im Stadtgebiet nach dem Feringasee in Unterföhring, ein Hotel, 1.100 Parkplätze, Bootsverleih, Tauchrevier, Spiel- und Liegewiesen, einen eigenen Badebus-Anschluss ab der zwei Kilometer entfernten S-Bahn-Station Lochhausen, aber auch streng geschützte Biotopbereiche.

Die große Beliebtheit des Langwieder Sees bringt natürlich auch Beschwerden mit sich, von der Müllentsorgung bis zum Sardinenbüchsenvergleich. Die Neubaugebiete und ein Heim für – meist schwimmunkundige – Flüchtlinge bereiten dem Bezirksausschuss neuerlich Sorgen. Er fordert maximal tolerierbare Besucherzahlen sowie ein Sicherheitskonzept. Die Wasserwacht hat hier bereits Stellung bezogen. Notrufsäulen wurden installiert. Schwimmkurse werden angeboten. Die Deutsche Lebensrettungsgesellschaft (DLRG) hat Baderegeln in 25 Sprachen herausgegeben.

Unmittelbar nördlich des Langwieder Sees entstanden in jüngster Zeit noch der Lußsee (aus einer Kiesgrube für die Umgehungs-Autobahn), der einen Kieselstrand mit Promenade hat und als sauberster See im Ballungsraum München zertifiziert wurde, sowie der den Nacktbadern vorbehaltene, idyllische Birkensee, der ein Geheimtipp bleiben sollte.

Eine weitere, stadtnähere Drei-Seen-Platte ist im Stadtbezirk Feldmoching-Hasenbergl, ebenfalls aus umgestalteten Baggerlöchern, gewachsen. Am Lerchenauer See können sich bis zu 8.000 Besucher vor der Kulisse 15-stöckiger Hochhäuser erholen: Der Fasaneriesee, am Rand eines bajuwarischen Gräberfeldes ausgebaggert, eignet sich besonders für Nichtschwimmer. Der Feldmochinger See ist mit 15,5 Hektar der drittgrößte Badesee im Stadtgebiet. Von einem Ausguck aus sieht man dicke Karpfen schwimmen. Der FKK-Bereich ist weniger gut einsehbar.

Alle drei Seen werden am Grund stark von Grundwasser durchströmt und haben deshalb eine prima Wasserqualität. Alte und junge Bäume spenden Schatten. Das Sportangebot erreicht zwar nicht das der moderneren Freizeitbäder, doch für Beach-Volleyball, Kinderspielplätze und Grillzonen reicht's allemal. Aus Trampelpfaden wurden Rundwege, die einige Seen miteinander verbinden. Die Wasserqualität ist generell wegen des starken Grundwassers einwandfrei, sie wird vom Amt für Gesundheit und Umwelt allmonatlich überprüft.

Im Nordosten Münchens, wo heute das Hochhaus des Süddeutschen Verlags aufragt, hatte die Reichsbahn 1936 ein Freibad gebaut und nach ihrem Präsidenten Gollwitzer benannt. Das sehr kalte Grundwasser wurde hochgepumpt. 1938 übernahm die SA die Anlage zum Zwecke der *„Ertüchtigung“*. 1948 pachtete der *„Freie Wassersportverein“* das bombengeschädigte, aber von der Stadt sanierte *„Zigeunerbad“*, wie man es nun in der Maikäfersiedlung wegen des nahen Landfahrerlagers nannte. 1983 wurde sein Betrieb eingestellt. Das neue Michaelibad war ein großartiger Ersatz für diese Stadtregion.

Während die Baggerseen von Feldkirchen und Garching längst überbaut sind, ist in Riem, am Rand der neuen Messestadt, aus Anlass der Bundesgartenschau 2005 ein Grundwassersee künstlich angelegt worden. Eine gleichbleibende Wasserqualität ist gesichert. Inzwischen hat der BUGA-See, der heute offiziell „Riemer See“ genannt wird, auch flache Uferzonen, denen indes noch eine schattenspendende Vegetation fehlt. Dass seit der Eröffnung schon zehn Menschen ertrunken sind, wird auf die zu hohen Einstiege zurückgeführt. Ein Knick im See behindert, bei bis zu 10.000 Badegästen, die Sichtkontrolle durch die Wasserwacht, die deshalb in der Saison 2017 eigens konstruierte Drohnen einsetzen will.

Mit an der Spitze der Beliebtheit steht der Feringasee bei Ismaning. An heißen Tagen kommen schon mal 30.000 Gäste nach „Klein-Adria“, wie sie die Anlage nennen. Ebenfalls aus dem Kiesabbau für die benachbarte Autobahn entstanden, wurde das immerhin 65 Hektar große Gelände von einem Erholungsflächenverein aufgekauft und systematisch ausgebaut, sowohl für Badegäste als auch für Surfer, die hier einen Club haben, und Wanderer, die einen drei Kilometer langen Uferweg vorfinden. Am Nordufer entlang erstreckt sich eine ökologische Ausgleichsfläche mit Feuchtbiotop. Eine Halbinsel ist für die Freunde der Freikörperkultur ausgewiesen.

Noch mehr Sorgen macht den Ordnungsbehörden eine andere Folge des Zulaufs zu Bagger- und Dorfseen. Seit Bayern die allgemeine Badeordnung 2013 nicht mehr verlängert hat, muss jede Gemeinde selbst das Nötige festlegen. Dazu gehört auch die Ausweisung von FKK-Zonen. Inzwischen haben sich immer mehr unbewachte Ufer zu Nacktstränden entwickelt, mancherorts sogar zu regelrechten Sex-Treffpunkten. Um solches Treiben einzudämmen, haben sich geschockte Gemeinderäte da und dort abschreckende Maßnahmen ausgedacht. Doch auch die Beseitigung von Schilf und

Luftaufnahme vom Feringasee mit seiner Halbinsel, die der Freikörperkultur vorbehalten ist

Gebüsch, die als Verstecke dienen, hatte kaum den gewünschten Erfolg. So muss halt doch die im Freizeitland nicht gern gesehene Polizei versuchen, die allzu freien Anhänger der Freikörperkultur zu verscheuchen.

Der – im Gegensatz zu den Hallenbädern – ungeordnete Massenbetrieb an den Stadtrandseen hat eine strenge Reglementierung nötig gemacht, wie die folgende, sehr detaillierte Bekanntmachung des Landratsamtes München zeigt:

Baderegeln für ein ungetrübtes Badevergnügen

Damit beim Baden nichts passiert, haben wir einige wichtige Regeln zusammengestellt:

Baderegeln für Ihre Gesundheit

- Achten Sie auf die Wassertemperatur!
- Springen Sie nie erhitzt ins Wasser!
- Baden Sie nicht mit vollem Magen!
- Gehen Sie nicht übermüdet ins Wasser!
- Schwimmen oder tauchen Sie nie im Bereich von Sprunganlagen!
- Unterlassen Sie das Rennen am Beckenrand!

- Verlassen Sie sofort das Wasser, wenn Sie frieren!
- Stoßen Sie nie Andere ins Wasser!
- Verlassen Sie bei Sturm, Gischt oder Gewitter das Wasser!
- Gehen Sie nicht unter Medikamenten-, Alkohol- oder Drogeneinfluss ins Wasser!
- Benutzen Sie als Nichtschwimmer NIE aufblasbare Schwimmkörper!
- Springen Sie nie in unbekanntes oder trübes Gewässer!
- Beachten Sie Warnhinweise, Begrenzungen, Bojen und Absperrungen!
- Tauchen Sie nicht mit beschädigtem Trommelfell oder Erkältung!
- Meiden Sie Wasserpflanzen!
- Meiden Sie Wehre und Strudel!
- Baden Sie nie alleine!
- Rufen Sie im Notfall rechtzeitig laut um Hilfe!
- Bleiben Sie weg von Wasserfahrzeugen!

Falls doch einmal jemand in Not gerät, dann helfen Sie, denn Sie wollen ja auch, dass Ihnen geholfen wird! Achten Sie immer darauf, dass Sie sich nicht selbst in Gefahr begeben oder Ihre Kräfte überschätzen.

Holen Sie Hilfe. Die Wasserwachtstationen an den Badegewässern sind bei schönem Wetter an Feiertagen sowie an den Wochenenden besetzt und unter der Notrufnummer 112 erreichbar.

Wenn ein Handy oder eine Telefonzelle in der Nähe ist, kann man kostenlos und ohne Vorwahl die Feuerwehr und den Rettungsdienst anrufen.

Wasser zieht in der Freizeit viele Menschen an – aber nur wer schwimmen kann, kann den Aufenthalt im und auf dem Wasser richtig genießen.

Baderegeln für ein rücksichtsvolles Miteinander:

- Fahren Sie während der Badesaison (1. Mai bis 30. September) an den Badegewässern nicht Rad. Natürlich können Sie es jederzeit schieben (außer Deininger Weiher).
- Wegen der besonders beengten Verhältnisse am Deininger Weiher ist dort das Radfahren und -schieben ganzjährig nicht gestattet.
- Verwenden Sie keine Tonwiedergabegeräte (ausgenommen über Kopfhörer).
- Errichten und betreiben Sie keine offenen Feuerstellen und grillen Sie am Feringasee, am Heimstettener See und am Unterschleißheimer See nicht außerhalb der Grillzonen oder auf dem Boden.
- Bringen Sie bitte während der Badesaison keine Tiere mit.
- Stellen Sie keine Zelte auf und übernachten Sie nicht in den Erholungsgebieten.
- Füttern Sie bitte keine Wasservögel.

Freizeit- und Erlebnisbäder

Die nasse Gaudi

„Wir wollen den Sport umfunktionieren und an die Bedürfnisse der Freizeit- und Urlaubsgesellschaft anpassen", verkündete 1970 der Deutsche Sportbund. Er hatte nämlich herausgefunden, dass nur noch zwei Prozent der Deutschen im Urlaub auf Spiel und Sport verzichten wollten. Daraus war zu folgern, dass fast alle im Sommer fern der Heimat baden und schwimmen wollen, und das möglichst auch bei schlechtem Wetter.

Im Oktober 1974 kam der Deutsche Freizeitkongress in Garmisch-Partenkirchen zu dem Schluss, dass die Spiel- und Erholungsstätten für Jung und Alt morgen anders aussehen müssten als heute. Dies gelte vor allem für Einrichtungen zum Schwimmen und Baden, die nach Meinungsumfragen in der spielerisch-sportlichen Freizeitgestaltung beliebtesten Aktivitäten. Leider zwängen Richtlinien und Normen noch immer zum Bau von *„Schwimm-Anstalten"*.

Ein neues Freizeittreiben erwachte, als die Bäder „unter die Haube kamen"

Im Umkreis von München hatten sich viele Gemeinden bereits auf diesen Trend eingestellt. Nach einer Zählung des Fremdenverkehrsverbandes München und Oberbayern gab es schon 1968 in den Urlaubsorten nicht weniger als 70 Hallenbäder, die Zahl der Freibäder wurde gar nicht erst ermittelt. Sie alle sollten natürlich nicht nur den Touristen kurzfristig zur Verfügung stehen, sondern ebenso den ansässigen Bürgern. Gleichzeitig stellte auch der Studienkreis für Tourismus in Starnberg fest, dass sich immer mehr Heilbäder in *„Bewegungszentren"* verwandelten.

Auf dem Freizeitkongress wurden allerdings auch Bedenken gegen diesen Trend laut. Es kündige sich an, dass beim Neubau solcher Lust-Bäder ebenso wie im Wohnungsbau oft an den Bedürfnissen vorbei geplant werde, meinte die Soziologin Felicitas Romeiß von der Planungsberatung München. Noch längst nicht sei geklärt, ob die Bürger ihre Freizeit wirklich in eigens dafür vorgesehenen Einrichtungen verbringen wollten.

Meere der Alpen

Es war jedenfalls Zeit zum Aufbruch in neue, schöne Wasserwelten. *„Wir haben das Meer über die Alpen geholt"*, so warb ein einzigartiges Urlaubs- und Erholungszentrum, das am 1. Juli 1970 in Bad Tölz eröffnet wurde: das *„Alpamare"*. Das 550 Quadratmeter große Becken hatte einen

Das Alpamare in Bad Tölz war das erste große Spaßbad Bayerns, es existiert nicht mehr

Kunststoffboden, der sich mit den Zehen wie Sand anfühlte. Maschinen erzeugten in Intervallen bis zu einem Meter hohe Wellen. Das Wasser enthielt Jod in einer Menge wie die Adria bei Caorle. Neben dem Brandungsbad gab es stillere Gewässer.

Wo bislang Sozialpatienten in der längsten Wandelhalle Europas mit dem ortseigenen Jodwasser die Kröpfe und den Kreislauf kurierten, lockte

Viel Gaudi gab's schon damals im „Ruhpocabana", das heute Vita Alpina heißt

Schöner Bergblick vom Außenbecken des Ruhpoldinger Freizeitbades

nun ein Spaßbad, das zum Trendsetter werden sollte. Dass Bayerns Voralpenland im Sommer und Herbst laut Wetterbericht *„überwiegend bedeckt“* ist, störte die Meeresalpinisten nicht. Sie bauten Solarien in Einzelzellen und in einem transparenten Rundzelt, das von Jodluft getragen wurde. Durch starke UV-Strahlen konnte man sich schneller und angeblich schadloser bräunen als am Mittelmeerstrand.

Im selben Jahr noch ging in der Urlauberhochburg Ruhpolding ein weiteres Wellenbad in Betrieb, hier nun auch schon in einem Hallenneubau. Während der Rauschberg durch die Panoramafenster schaute, rauschten die Wellen fast einen Meter hoch. Riesige Schaufelräder konnten bis zu „Windstärke 4“ gefahren werden. Zwar fehlte der salzhaltige Geschmack des Originalmeeres, dafür aber auch der in Hallenbädern übliche Chlorgeruch, weil man das Wasser mit Ozon entkeimte. Zu Weihnachten wurden noch eine Kegelbahn, eine Sauna, ein Beauty-Shop und weitere gastronomische Betriebe angefügt. Die *„Ruapadinger“* nannten ihr Vorzeigemodell erst *„Ruhpocabana“*, um es später in *„Vita Alpina“* umzutaufen. Seine Besonderheiten sind vier Sprungtürme und eine 76 Meter lange Rutsche mit Lichteffekten.

Im selben Jahr 1970 eröffnete in Kochel am See das „trimini“. Trotz seiner idyllischen Lage geriet dieses Freizeitbad viele Jahre später in finanzielle und juristische Turbulenzen, so dass es geschlossen werden musste. Für über 15 Millionen Euro total umgebaut, wurde das trimini am 1. Mai 2017 neu eröffnet. Jetzt bietet es sich, nicht zuletzt Besuchern aus dem 70 Kilometer entfernten München, gewissermaßen als Erlebnisbad einer neuen Generation an.

Die vergrößerte Anlage besteht aus einem Außenbecken mit Rutschbahn und Sprudelliegen, das durch sehr große Fenster den vollen Blick auf die Berge freigibt, einem Kinderbad mit Wasserfontäne, Ballpool und Sonnensegel sowie einer warmen Therme mit sechsprozentiger Sole. Das Wasser wird nach einem Verfahren des Tirolers Johann Grander *„belebt"*, d.h. in seine natürliche Struktur zurückverwandelt, so dass es Haut und Haare geschmeidig machen soll und die Augen schont. Die Poolbar verzieren tausend Orchideen.

Das trimini liegt direkt am Kochelsee

Das neue Freizeitbad in Bad Aibling

Binnen weniger Jahre schossen weitere Bäder für Freizeit und Ferien aus dem voralpinen Boden. Die Gemeinden oder Privatbetreiber erfanden dafür neckische Namen, die an ferne Urlaubsstrände erinnern sollen. Zu nennen wären zum Beispiel das *„Badria"* auf einer Anhöhe bei Wasserburg, das *„Prienavera"* in Prien, der *„WellenBerg"* in Oberammergau, das *„Innsola"* in Kiefersfelden, die *„Rigi-Rutschn"* in Preißenbeerg oder das *„Watzmann-bad"* in Berchtesgaden – gleich beim vielbesuchten Salzbergwerk. Überall blühte das Badegeschäft, überall wurde laufend investiert. Jeder dieser Gaudi-Gärten bekam riesige Wasserrutschen, spritzige Wasserfälle, Sauna-Landschaften mit den jeweils neuesten Sparten, Licht- und Klangspiele sowie künstliche Sandstrände.

Das Alpamare schaffte es sogar ins Guinessbuch der Rekorde. Die Jod-quellen AG ließ Sicherheitskonzepte, ökonomische und ökologische Studien erstellen, die hochgradige Sauberkeit und Wirtschaftlichkeit attestierten. Übermäßig wurde investiert, obwohl das Alpamare – wie Geschäftsführer Anton Hoefter klagte – als einziges Freizeitbad Deutschlands keine öffentliche Unterstützung bekam. Dennoch wurde laufend erweitert. 2001 eröffnete die erste Indoor-Surfanlage *„Flow Rider"*.

Markt gesättigt?

Trotzdem musste Europas erstes Erlebnisbad am 30. August 2015, mitten in der Saison, schließen. In einem von Stadt und AG erarbeiteten Rahmenplan von 2012 wurde die mögliche Entwicklung festgehalten, einmal in einer Variante „mit" und einmal „ohne Bad". Seither vergammeln die tollen Anlagen, nebenan wächst indes ein neues Wohnviertel. Statt auf Rummel und Kindergeschrei setzen die Planer lieber auf Ruhe und – wie in Zeiten der klassischen Kur – auf Gesundheitsvorsorge.

Die Gründe für diesen Umschwung liegen auf der Hand. Vor allem die Münchner, die den Großteil der Gäste stellten, blieben aus. Denn auch in ihrer Stadt hatten sich die Badeanstalten, die überdachten und erst recht die unter freiem Himmel, nach und nach in Zentren des modernen Freizeitlebens verwandelt. Kaum eine neue Attraktion, die nicht für oft teures Geld hinzugefügt wurde. Im städtischen Dantebad zum Beispiel wecken 500 Tonnen Sand, ein Beachvolleyball-Platz und eine Strandbar Träume vom Süden. Natürlich darf auch ein 20 Meter langes *„Erlebnisbecken"* mit Strömungskanal nicht fehlen. Wozu also erst 50 bis 100 Kilometer weit fahren, wenn dieselbe nasse Gaudi und noch ein paar Attraktionen mehr auch daheim geboten werden?

Nicht nur in Bad Tölz kamen Freizeitbäder in Bedrängnis, sondern auch in einigen anderen Gemeinden Oberbayerns. Andere versuchten es doch noch einmal mit einem solchen Lusttempel, beispielsweise Bad Aibling. Es kam nämlich eine Konkurrenz dazu, die nur 45 Kilometer von München entfernt ist und die von vornherein mit einem Optimum an Badevergnügen aufwarten konnte. Nach dem Alpamare und den Nachahmern stellte es gewissermaßen die dritte Generation von Spaßbädern dar. Seine Geschichte ist phänomenal.

Weltgrößte Therme

Bei Probebohrungen nach voralpinem Erdöl im Flöz der Münchner Schotterebene nahe der Kreisstadt Erding war man 1983 in 2.350 Metern Tiefe auf heißes Wasser gestoßen, dessen chemische Zusammensetzung den Quellen im niederbayerischen Bäderdreieck ähnelte. Stadt und Landkreis gründeten 1989 einen Zweckverband, um die saubere Energie aus der Erde zu erschließen. Im Itzinger Graben mit seinem schönen Erlenbestand wurde ein 100.000 Quadratmeter großes Areal als *„Sondergebiet Geowärme"* ausgewiesen. Thyssen-Rheinstahl erhielt den Auftrag für die Bauplanung. Doch der Weltkonzern fand keine Investoren und Betreiber für das Monsterprojekt im Erdinger Moos, wo sich gerade auch der neue Münchner Großflughafen entfaltete.

Nach längerem Suchen stieß der Zweckverband auf den Bäder-Bauer Josef Wund in Friedrichshafen, der unter anderem im Taunus das größte Erlebnisbad Deutschlands mit Ablegern in Holland und den USA geschaffen hatte. Wund wollte aber in Erding nicht einfach ein neues Thermalbad oder eines der in Mode gekommenen Spaßbäder bauen. Er hatte vielmehr eine Vision: *„Wir wollen Wohlfühlen und Freizeit ganz neu erfinden."* So plante er eine komplette *„Kleinlandschaft mit unterschiedlichen Klimazonen, in welchen der Gast „höchstmögliches Wohlbefinden"* erreichen sollte.

Große Sprüche. Aber als die *„Therme Erding"* am 3. Oktober 1999 eröffnet wurde, bot sie tatsächlich einen Blick in die Badewelt des kommenden Jahrhunderts. Nach zwei Jahren schon galt sie, wie eine Umfrage ergab, als das *„beliebteste Bad für München"*. Bis August 2013 zählte man nicht weniger als 15 Millionen Besucher. Inzwischen gibt es Tage mit über 10.000 Badegästen. Nunmehr können Vater und Sohn Wund ihr 27.500 Quadratmeter großes Wunderland als die *„größte Therme der Welt"* anpreisen.

Jahr für Jahr sind neue, ungewöhnliche Attraktionen hinzugekommen. Beispielsweise ein großer Tropengarten, dann eine keltische Anlage mit Wasserfällen nach dem Muster von Stonehenge, die längste Röhrenrutsche der Welt (365 Meter), ein mit Volksmusik beschallter Alpenstadl, eine bayerische Zirbelstube, ein in fünf Stufen regulierbares, von 300 Palmen umsäumtes Wellenbad, eine isländische Geysirhöhle, ein asiatischer Meditationsraum oder ein Becken, dessen Wasser mit Mineralien wie im Toten Meer angereichert ist.

Riesenrutschen im Galaxy in Erding

Seit 2015 kann man in der schönen, neuen Thermenwelt auch übernachten: in einem Schiffshotel mit 102 wandelbaren Kabinen, das einem Schiff nachgebildet ist, oder in einem venezianischen Palazzo mit 26 Zimmern. Insgesamt stehen derzeit zur Verfügung: je 26 Saunen und Rutschen unter einer halb zu öffnenden Glaskuppel, 27 Wasserbecken und 4.000 Liegen. Fast überall erklingt Musik, bei Partys bis vier Uhr früh, oder es läuft irgendein Event ab, vom *„Sautrog-Rennen"* bis zum *„Sommernachtstraum"*. Sogar Opern und Symphonien werden geboten. Aber es gibt natürlich auch Ruheräume – und neuerdings Alterslimits (ohne den üblichen Jugendlärm).

Nach diesem Baukastenprinzip haben sich die Anfangs-Investitionen in Erding von 25 Millionen auf stolze 210 Millionen Euro erhöht. Immer noch ist Platz für Erweiterungen. Übrigens wird ein Großteil des geförderten Thermalwassers für das Fernwärmenetz der Kreisstadt genutzt. *„Wir sind stolz"*, hatte sich der Erdinger Landrat vor Jahren in die Brust geworfen, *„dass wir einfachen Burschen das so hingekriegt haben."*

Nicht nur nass

Das rechteckige Bassin, das wettkampffähige Schwimmbecken, die gewundene Wasserrutsche, die Massagedüsen, das federnde Sprungbrett, der lustige Spritzbrunnen am Beckenrand – dergleichen Infrastruktur mag heute zwar noch für die meisten Bäder taugen, doch das würde für die Zukunft der Badekultur nicht mehr genügen. Schon der Begriff Badeanstalt klingt veraltet, und für die groß gewordenen Wasserzuber hat sich der einst importierte Name *„Pool“* eindeutig durchgesetzt.

Ein neuer Trend ist beispielsweise die Rückkehr auf eine der Quellen des europäischen Badebetriebs, auf Einflüsse der Kreuzzüge und der Türkenkriege (siehe das erste Kapitel). Wie der Münchner Orientforscher Stefan Jakob Wimmer feststellt, sind türkische Bäder oder das, was man sich darunter vorstellt, derzeit im Kommen. Für neue Hotels in München gehöre das *„Hammam“*, das Bad *„à la turca“*, zum gehobenen Service. Dort treffe man sich bei Mokka und Shisha (Wasserpfeife).

Was in den nächsten Jahren zu erwarten ist, könnte, jedenfalls für München, unter der Überschrift *„die nasse Gaudi“* verzeichnet werden. So hat Heinz Schletterer, der seit über 20 Jahren weltweit als Wellness-Pionier gilt, die mögliche Zukunft der Freizeitbäder wie folgt zusammengefasst: *„Pools machen in Zukunft nicht nur nass, sondern bieten neue Funktionalitäten. Das Schwimmerlebnis wird durch außerordentliche Kreativszenarien komplett – klassische Swimmingpools haben also ausgedient. Der Trend wird ganz stark in nutzenorientierte Pools hingehen. Hier gibt es zwei Ausprägungen: gesundheitsorientierte Behandlungspools (Salzwasser Pools, Pools für begleitende Schwimm- u. Wassertherapie, Unterwassermassagen etc.). Und erlebnisorientierte (Entertainment) Swimmingpools: Neue Unterwasseranimationen, Schwimmen gegen den Weltmeister in Form von computergesteuerten Gegenstromanlagen, Swimmingpools mit einem hohen Wohlfühlaspekt durch die Raum- u. Lichtgestaltung, sowie durch die Anreicherung von angenehmen Düften, je nach Tages- und Jahreszeit, oder Wetter wählbar.“*

So könnte denn wohl alles ineinander verschwimmen: das Baden, der Spaß, der Sport, das Zurück zur Natur, das Wohlfühlen, das Jungbleiben. Und so könnten Männlein, Weiblein, Buben und Mädchen künftig mit ungefähr dem gleichen Gefühl ins Wasser gehen wie ihre Vorfahren vor Jahrhunderten.

Menschen im und am Wasser

Im Reich des Aquarius

Es gibt Pflanzen und Tiere, die im Wasser leben. Menschen leben nicht im Wasser, sondern allenfalls am Wasser: an Ufern von Flüssen, Seen und Meeren. Und doch gibt es Menschen, für die das Wasser gleichsam Lebenselixier ist: für Fischer, Seeleute, Taucher ebenso wie für Limnologen, Ozeanografen, Balneologen, Wasserwirtschaftler und andere Berufsgruppen. Auch das Baden und Schwimmen, vielleicht die schönste Wassernutzung überhaupt, hat Protagonisten. Sie alle sind gewissermaßen Bedienstete im Reich des Wasserherrschers Aquarius, der in dem Musical *„Hair"* so großartig besungen wird:

„Harmonie und Recht und Klarheit,
Sympathie und Licht und Wahrheit –
niemand will die Freiheit knebeln,
niemand mehr den Geist umnebeln.
Mystik wird uns Einsicht schenken
und der Mensch lernt wieder Denken – dank Aquarius."

Die Bademeister

Im Mittelalter gehörte der Beruf der Bader zu den wichtigsten Zünften. Immerhin hatten sie, nach heutigem Begriff, einen Multi-Job zu verrichten. Sie mussten Steuern und Pacht für die Konzession entrichten. In erster Linie sorgten die Bader für Anstand und Ordnung und dafür, dass der Betrieb im Badehaus funktionierte. Obendrein schnitten und frisierten sie Bart und Kopfhaar. Sie schröpften und stachen, sie ließen zur Ader, versorgten Wunden, zogen Zähne und nahmen sogar kleine Operationen vor. Unterdessen tauschten sie mit ihren Kunden mehr oder weniger wichtige Neuigkeiten aus, weshalb *„ratschen"* heute noch gern mit *„salbadern"* übersetzt wird. Zum Handwerkszeug gehörten, wie der Schuster und Poet Hans Sachs berichtet: *„padmantl, padtuech, puerste, kamb, schwamen und pruech"*. Gesell-

Bademeister Jochen Hering arbeitet seit 2001 im Münchner Volksbad

schaftlich waren diese frühen Bademeister, auch Stübner genannt, ziemlich angesehen.

Allmählich sind den Bademeistern, die heute in der Berufsliste auch *„Fachangestellte für Badebetriebe"* heißen und im Bundesverband Deutscher Schwimmmeister organisiert sind, neue Aufgaben zugewachsen. Außer den traditionellen obliegt ihnen auch die Führung des Schwimmbad-Personals, die Überwachung der Wasserqualität, die Wartung der Wasseraufbereitungsanlagen, die Steuerung der Betriebsabläufe, die Ausbildung und Prüfung von Schwimmern und in vielen Bädern auch die Verantwortung für die Finanzen. In Münchens Stadtbädern veranstaltet der moderne Schwimmmeister obendrein Kurse über Erste Hilfe, Herz-Lungen-Wiederbelebung, Wasserrettung, Notfallmaßnahmen, Aqua-Fitness, Tauchen und Wasserspringen.

Neuerdings sind nicht nur die Bademeister, sondern das ganze Personal der öffentlichen Bäder und die Aufsichtsgremien mit einem Problem konfrontiert, das eine Zeitung mit der Schlagzeile *„Sex-Mob Alarm im Schwimmbad"* anprangerte und das oft mit der Zuwanderung von jugendlichen Flüchtlingen in Verbindung gebracht wird. Tatsächlich aber stellten die

Stadtwerke München (SWM) im September 2016 fest, aus der Polizeistatistik gehe nicht hervorgeht, dass es in den Münchner Bädern zu einem Anstieg von sexuellen Übergriffen komme. Die Zahl der Vorfälle sei laut SWM – gemessen an rund vier Millionen Badegästen pro Jahr – sehr gering.

Es kommt nicht selten vor, dass ein Bademeister zum Lebensretter wird. So geschehen am heißesten Tag des Jahres 2013, als über 7.000 Menschen das Freibad von Ingolstadt bevölkerten. Der vierjährige Fabian sprang seinem älteren Bruder hinterher ins sogenannte Aktionsbecken, das auch einen Strömungskanal hat. Da er seine Schwimmflügel nicht mit hatte, ging er sofort unter. Eine Frau entdeckte ihn leblos am Beckenboden und zog ihn aus dem Wasser. Umgehend begann der 22-jährige Bademeister Oliver Reis mit der Reanimation. Die gehörte zur Ausbildung für den Meisterbrief, den er erst zwei Wochen zuvor erhalten hatte. Ein zweiter Bademeister kam hinzu, dann waren auch schon die Sanitäter da. Der kleine Fabian überlebte mit einer Lungenentzündung. Inzwischen hat der Bub einen Schwimmkurs bei seinem Lebensretter gemacht. Und Oberbayerns zweitgrößte Stadt hat ein neues, schickes Sportbad mit langen Bahnen bekommen.

Die Wasserschützer

Als Wasserkraftanlagen, Stauwehre und ein Werkkanal gegen Ende des 19. Jahrhunderts das Landschaftsbild an der Isar stark zu verändern drohten, wurde die erste Umweltschutzbewegung in der Münchner Geschichte aktiv. Auf Betreiben des renommierten Architekten Gabriel von Seidl gründeten Stadtbürger im Februar 1902 den *„Isartalverein"*. Er begann mit dem Ankauf von Grundstücken, um sie vor der Bebauung zu schützen. Heute besitzt der Verein etwa hundert Hektar wertvollen Bodens im stadtnahen Isartal.

Ein aktuelles Anliegen ist dem Verein die Sorge um eine naturschonende Naherholung, die auch das freie Baden in der Isar umfasst. Die Mitglieder (Jahresbeitrag nur sechs Euro) und die Sponsoren betreuen heute Spazier- und Wanderwege mit einer Länge von 300 Kilometern und mit über 400 Schildern. Sie veranstalten Führungen auf Lehr- und Erlebnispfaden oder zu bestimmten Projekten, sie kümmern sich um Pflanzen und Tiere, um Wälder und Weiden, sie stellen Ruhebänke auf und schneiden Aussichtspunkte frei. Und neuerdings wird im Internet sogar ein *„virtuelles Isar-Museum"* geboten.

Darum, dass die Ausflügler im Raum München immer genug gutes Badewasser in ihrem Fluss haben, kümmert sich die 1974 gegründete *„Notgemeinschaft Rettet die Isar jetzt"*. Sie wirkt konkret darauf hin, dass die früheren Ableitungen von Gewässern aus der oberen Isar rückgängig gemacht, oder zumindest dauerhaft auf ein ökologisch vertretbares Maß reduziert werden. Schäden sollen beseitigt und künftig vermieden werden. Allgemein wollen diese Wasserstandschützer dafür sorgen, dass das obere Isartal in seiner besonderen Schönheit und Naturnähe für nachfolgende Generationen geschützt bleibt.

Vordringlich dem Schutz der Menschen gilt die Arbeit der Wasserwacht. Die rund 800 jungen Frauen und Männer der Ortsgruppe München, alles Freiwillige, können während der Badesaison an Wochenenden an neun Standorten an der Isar und an Baggerseen postiert werden, eine Schnelleinsatzgruppe steht sogar täglich und rund um die Uhr bereit. Alljährlich wird zu etwa 30.000 Einsätzen gerufen, am häufigsten bei der beliebten Marienklause an der Isar. Die Zahl der Totenbergungen ist zwar zurückgegangen, auf weniger als zehn in jedem Sommer. Doch immer noch häufen sich die Unglücksfälle.

Jedes dritte Kind unter zwölf Jahren kann heute nicht schwimmen, hat der Wasserwacht-Sprecher Heinz Effenberger hochgerechnet. Er macht dafür das Desinteresse allzu vieler Eltern und den unzulänglichen Sportunterricht in den Schulen verantwortlich. Mit den Flüchtlingen aus arabischen Ländern werde das Problem noch verschärft. Kürzlich wurde ein vermisster Albaner in einem Algengestrüpp gefunden und mühsam befreit. In der Wasserwacht wird jetzt der Einsatz von Radlstreifen und – für Kanuten – die Anbringung von Ampeln an gefährlichen Isarpassagen diskutiert. In Zusammenarbeit mit der TU München wurde sogar eine Drohne entwickelt, die Verunglückte schneller und besser sichten könnte.

Und schließlich hat sich noch ein Verein namens *„Deine Isar"* in die Wogen gestürzt. Gegründet hat ihn 2011 der Fotograf und Aktionskünstler Hartmut Keitel, dem die Hinterlassenschaft vieler Badegäste sehr missfallen hat. Unterstützt von einer Großbrauerei, streut er Botschaften an Badende in Form von Postkarten und Poster. Beispiel: *„Seit deinem letzten Besuch fühle ich mich beschissen."* Absender: die Isar. Über Facebook versammelt Keitel alljährlich zum *„Ramadama"*, nachdem der Verein *„Isarlust"* schon früher mal zum Frühjahrsputz gerufen hatte. Auch werden Schulklassen mit Müllbeuteln zu problematischen Uferstellen geführt, eine Isar-Rikscha informiert vor Ort.

Um Badende über die Müllproblematik zu informieren, ist eine Fahrrad-Rikscha des Vereins „Deine Isar" unterhalb der Reichenbachbrücke im Einsatz.

Die Wassernützer

Seit dem frühen Mittelalter waren Münchens Fließgewässer – ähnlich wie die Lechkanäle von Augsburg – die Existenzgrundlage zahlreicher Handwerksberufe: Färber, Gerber, Schmiede, Schleifer, Kalkbrenner und anderer. Unmittelbar genützt wurden sie ganz besonders von Mühlenbetrieben aller Art. Die älteste im Raum München war die Getreidemühle im heutigen Sendling, sie wird bereits im Jahr 957 erwähnt. Und vom Anfang des 14. Jahrhunderts stammen zum Beispiel die Stadtmühle (zwischen Müller- und Blumenstraße), die Griesmühle (Rumfordstraße) und die Papiermühle am Dreimühlenbach. Die meisten der 26 bekannten historischen Mühlen an den Stadtgräben und -kanälen sind längst abgebrochen, einige bestehen noch dem Namen nach, etwa die Pfistermühle an der nach ihr benannten Straße.

Gefördert vom Münchner Bürgermeister Josef Schmid, mehreren Bezirksausschüssen, den *„Urbanauten"* und anderen Partnern macht sich auch der Verein *„Isarlust"* für den Fluss stark. Ihm geht es mehr um die Wiederentdeckung eines innerstädtischen Erlebnisraums, doch soll dabei das ökologische Gleichgewicht nicht gestört werden. Durch spektakuläre Aktionen wie einem *„Big Jump"* in der Isar am Deutschen Museum, dem gemeinsamen Durchschwimmen eines bislang verbotenen Teilstücks des Flusses, soll die Bevölkerung für eine neue Art von Freizeitnutzung ihrer Isar gewonnen werden. (siehe Kapitel „Fluss- und Bachbäder").

Die wirtschaftlich wichtigsten Nutzer der Isar waren die Flößer. Sechs Jahrhunderte lang, bis zur Konkurrenz durch die Eisenbahn, transportierten täglich bis zu 10.000 Flöße vom Karwendelgebirge oder von Tölz her Holz und zahllose andere Baumaterialien, Lebensmittel und Bier in die Residenzstadt. Von hier aus wurden zahlende Gäste auf Ordinariflößen bis Passau oder weiter bis Wien befördert. Mit Baden hatte das alles nichts zu tun, wohl aber mit Vergnügen. Die für Ausflügler und Touristen hergerichteten, nach wie vor primitiven Holzgebinde *„verkehren"* an Wochenenden auf der 28 Kilometer langen Flussstrecke zwischen Wolfratshausen und der Thalkirchner Floßlände. Dass unterwegs viele Mitfahrer abspringen, sich abkühlen und nebenher schwimmen oder dass sich Badende an ein solches Gaudifloß anhängen und manchmal einen Schluck Bier erhaschen, steht auf einem anderen Blatt.

Die Schwimmer

Auf einem anderen Blatt steht auch die Geschichte der Schwimmvereine. Als erster wurde am 4. Juni 1899 der *„Schwimmverein München"* registriert; er existiert heute noch, mit dem Geburtsjahr stolz im Namen. Richtig los ging's dann 1903 – ein ungewöhnlich sportliches Jahr für die Isarmetropole: Gegründet wurden der Fußballclub Wacker, der Automobilclub und der Motorradfahrerverein, und im Volkspark Nymphenburg fand das erste Motorradrennen statt; der Münchner Radrekordfahrer Josef Fischer nahm sogar an der ersten Tour de France teil. Außerdem wurden für den ziemlich neuen Volkssport Schwimmen wichtige Ereignisse gemeldet:

An den Volksschulen, die der fortschrittliche Pädagoge Georg Kerschensteiner verwaltete, wurde das Unterrichtsfach Schwimmen für Buben und Mädchen eingeführt. Und am 1. Juli 1903 schloss sich ein Damen-Schwimmverein zusammen. Die zunächst 16 jungen Münchnerinnen schwammen nicht nur, sie übten sogleich das sogenannte Reigenschwimmen. Mit dieser ansehnlichen Wasserkunst veranstalteten sie 1912 ein Schauschwimmen, begeisterten bei den Olympischen Sommerspielen 1936 in Berlin und entwickelten das berühmteste Wasser-Ballett der Welt. Die Münchner Synchronschwimmerinnen Marlene Bojer und Daniela Reinhardt gehören heute zur Weltspitze.

Am 4. Juni 1909 versammelten sich im Café Neptun an der Ludwigsbrücke 25 Herren zur Gründung eines weiteren Männer-Schwimm-Vereins. Initiator war Alois Lutz, der spätere Direktor der Münchner Bäder. Auch Karl Müller, der Erbauer des ersten großen Volksbads, und Oskar von Miller, der Vater des Deutschen Museums, gehörten zu den Förderern der ersten Stunde. 1909 kam es zur Spaltung: die Anhänger eines eher *„volkstümlichen"* Schwimmens trennten sich von den vorwiegend am Sport Interessierten und gründeten einen eigenen Verein, der heute der größte Schwimmverein Südbayerns ist. 1912 gründete ein Augenarzt den volkstümlichen Verein *„Wasserfreunde"* (dem auch der Autor einmal angehörte). Spezialität: *„Unterwasserrugby"*.

Die schwimmenden Damen bewegten sich in anderen Bahnen. Als sie sich 1947 im Nordbad wieder zusammenfanden, griff Trainerin Käthe Jacobi, angeregt durch Hollywood-Filme, die Idee des Synchronschwimmens wieder auf. Jeweils zwölf der Mädchen, die jüngsten zwölf Jahre alt, übten unter Wasser allerlei artistische Kunststückchen. Als erste deutsche Sportmannschaft durften sie in die USA reisen. Den attraktiven Namen *„Isarnixen"* bekamen sie, als sie Geza von Cziffra 1951 in seinem Film *„Die verschleierte Maja"* einsetzte. Mittlerweile wurden sie 90 Mal Deutsche Meister und 60 Mal Deutsche Jugendmeister im Kunst- und Synchronschwimmen. Ansonsten zeigen sie ihre nassen

Der Männer-Schwimm-Verein hatte auch eine Damen-Abteilung.

Isarnixen - so heißen Münchens Synchronschwimmerinnen

Künste in fantasievollen Kostümen bei den verschiedensten Veranstaltungen und manchmal auch in Filmen.

Der Männer-Schwimmverein, die Isarnixen und drei weitere Münchner Wassersportvereine schlossen sich im Februar 2007 unter der Schirmherrschaft der Stadtwerke München zu einer Trainings- und Startgemeinschaft zusammen. Diese will den Leistungssport fördern, wobei Breitensport natürlich das Fundament bilden soll. 2014 gewann die aus diesem Verbund zusammengestellte Herrenmannschaft die Deutsche Mannschaftsmeisterschaft im Schwimmen. Auch Wasserball, Wasserspringen, Aquaball und andere Trendsportarten verzeichnen im Rahmen dieser Gemeinschaft immer wieder große Erfolge. Der Turmspringer-Nachwuchs indes wird an die Stützpunkte in Halle oder Berlin abgegeben, weil München nicht die notwendigen Trainingsbedingungen hat.

Schwimmer seien *„Botschafter einer Körpersprache, die überall verstanden wird"*, meinte Klaus Huber, der erste Vorsitzende dieses MSV, bei einer Jubiläumsfeier. Dem Verein war es im August 2000 gelungen, in zwei Münchner Bädern und der Olympia-Regattastrecke nicht weniger als 6.600 Teilnehmer aus 58 Nationen zu Titelkämpfen mit 18.188 Starts zu versammeln – es war die bis dahin größte Schwimmsport-Veranstaltung aller Zeiten. Bis heute haben die Aktiven des MSV dem Spitzensport größte Erfolge beschert; bauliche Kalamitäten im Olympiabad hatten sie allerdings ein Stück zurückgeworfen (siehe Kapitel „Frei- und Hallenbäder").

muenchen.de Badefahrplan

muenchen.de
Das offizielle Stadtportal

Isar-Ausblicke – Nachwort des Autors

Bevor ich dieses Buch beende und meinen Computer runterfahre, blicke ich vom zweiten Stock noch einmal hinunter auf meinen Fluss, den ich nun, als Mieter in der Widenmayerstraße, seit 75 Jahren vorbeiziehen sehe und in dem ich mich so oft schwimmend, paddelnd oder plätschernd getummelt habe. Das letzte, leichte Hochwasser ist soeben verebbt. Die Farbe des aus dem Gebirge strömenden Wassers hat sich Tag für Tag verändert, vom erdigen Braun in ein changierendes Graugrün. Jetzt hat gleich der erste warme Junitag zahlreiche Spaziergänger zur Uferpromenade gerufen.

Bald wird wieder der kleine Kieselstrand drüben, neben dem Auslauf des Auer Mühlbachs, freigeschwemmt sein. Dann wird man wieder, frei nach Schiller, sagen können: Es lächelt der Fluss, er ladet zum Bade. Dann werden junge Leute wieder auf der eisernen Steigleiter zu dem winzigen Isar-Lido hinunter kraxeln, werden ihre Decken oder Picknickkörbe auspacken. Einige werden vielleicht ein paar Schritte ins kalte Wasser stapfen oder sich gar von der Bachströmung ein Stück weit treiben lassen. Bloß nicht zu weit, das weiß man wohl, denn die Reißende könnte einen mitreißen.

Blick vom Schreibtisch des Autors auf die wilde Isar

Feuerwehr rettet mit großem Aufgebot einen Hund an der Widenmayerstrapße aus der Isar

Vor Jahren hatte die Feuerwehr – mein Sohn hat die Aktion fotografiert – genau hier unten einen kleinen Hund aus dem strömenden Wasser gezogen. Auch schräg gegenüber, am *„Spitz"* der Schwindinsel, hatte mal ein Löschtrupp eingreifen müssen, weil aus einem, von Großstadt-Cowboys angefachten Lagerfeuer ein gefährlicher Buschbrand geworden war. Im Sommer 2016 hat man hier, wo Verbotsschilder warnen, von einem Hubschrauber aus wieder einen leblos im Fluss treibenden Mann gesichtet.

Es lächelt die Isar, zum Bade ladet sie nicht immer und überall. Doch München und Oberbayern haben ja außerdem eine Bäderlandschaft ohnegleichen. Man möge sie erhalten und genießen!

Anhang

Zum Autor

Karl Stankiewitz wurde am 27. Oktober 1928 in Halle/Saale geboren. Seit 1937 lebt er in München. Seit Oktober 1947 war er nach dem Abitur am Wirtschaftsgymnasium Volontär bei der Süddeutschen Zeitung, seit Juni 1948 Redakteur bei der Abendzeitung.
1950 arbeitete er drei Monate beim Stern in Hamburg, 1950/51 war er Münchner Mitarbeiter des Spiegel und 1951 bis 2000 Korrespondent für 15 außerbayerische Zeitungen sowie Mitarbeiter bei Münchner Zeitungen, Bayerischem Rundfunk, Deutschlandfunk und Deutscher Welle. Er machte viele Auslandsreportagen, später auch als freier Reisejournalist. 1977 erhielt er den Preis des Internationalen Presseclubs München *„für hervorragende journalistische Arbeiten über die bayerische Landeshauptstadt“*. Seit 1999 ist er Buchautor und veröffentlichte mittlerweile 31 Titel, darunter in der edition buntehunde: „Babylon in Bayern“ (2004), „Keiner will schuld sein“ (2005), „Nachkriegsjahre“ (2006) und „An wilden Wassern“ (2008).

Bildnachweis und Copyrights

Abendzeitung München: S. 69
Aib-Kur GmbH, Bad Aibling: S. 138
Ammergauer Alpen GmbH: S. 101
Chiemgau Thermen, Bad Endorf: S. 107, 108/109
ganz-muenchen.de: S. 42
Hartbrunner, Rudolf: S. 7, 26, 65, 95, 98, 149, Cover U4 Mitte
Hochbau- und Sanierungsgesellschaft München / R. Weegen: S. 43
Hotel Deutsche Eiche / Josef Sattler GmbH, München: S. 59
Interfoto, München S. 27, 37, 128
Isarlust e.V., München: S. 49, 50, 78
Isarnixen / Barbara Liegl: S. 150
Israelitische Kultusgemeinde München und Oberbayern: S. 121
Keitel, Hartmut, Fotokonzept / „Deine Isar“ e.V., München: S.147
Kleinz, Angelika: S. 71 u., 74 u., 125, 126
Kristall Bäder AG, Stein: S. 137
Kur GmbH, Bad Reichenhall: S. 113, 115, 116
muenchen.de: S. 8, 152
Ortner, Heinrich: S. 97
Ruhpolding Tourismus GmbH: S. 135, 136, Cover U4 re.
Stadtarchiv München: S. 28, 72
Stadtwerke München (SWM): S. 33, 35, 38, 40, 44, 45, 68, 71 o.
Stankiewicz, Thomas: S. 21, 22, 31, 61, 67, 81, 134, 154, 155, Cover U1
Stankiewitz, Karl: S. 23, 30, 54, 55, 56, 74 o., 76, 77, 83, 88, 93, 99, 105, 124, 144, 153
Therme Erding: S. 133, 141
Wagner, Josef Maria / tivolifoto.com: S. 85
Wikipedia.de: S. 10, 14, 16, 32, 52, 91, 131, Cover U4 li.
Zweckverband (Abwasser), München: S. 64

Literaturnachweis

Arz, Martin: Die Isarvorstadt, München 2008
Bachmann, Rupert: Müller'sches Volksbad, Rosenheim 2001
Bücken, Hubert: Saunen, Spaßbäder, Wellness-Oasen, Düsseldorf (o. J.)
Friedell, Egon: Kulturgeschichte der Neuzeit, München 1930
Ganghofer, Ludwig: Lebenslauf eines Optimisten, München 1953

Grötz, Susanne: Balnea: Architekturgeschichte des Bades, Weimar 2006
Halbreiter, Michael: Die neuen Bäder in Rosenheim und Oberbayern, München 1847
Hartbrunner, Rudolf: Zeitensprünge, München seit 2007, nur online
Karl,W./Lemke, A./Schweiggert, A.: Das Prinzregentenstadion, Müchen 2004
Krauss, Marita: München – Musenstadt mit Hinterhöfen, München 1988
Magerl, Christian: Die Isar, Vilsbiburg 1999
Martin, Albrecht: Deutsches Badewesen in vergangenen Tagen, Jena 1906
Mayr, Georg: Beschreibung des Wildbades Anneholzen und seiner Umgebung, München 1863
Morin, Friedrich: Neuester Wegweiser durch München und seine Umgebung, München 1870
Mollenhauer, Bernd: Architekturführer München u. Oberbayern, München 1979
Ders.: Jugendstil in München, München 2014
Rädinger, Christine: Neues Leben für die Isar, München 2011
Rösing, Daniela: Von der Badstube zum Badekabinett, Zülpich 2014
Rost, Helmut: München und seine Bauten, München 1912
Schiermeier, Franz: Die Münchner Stadtbäche, München 2010
Spengler, Karl: Münchner Straßenbummel, München 1960
Stankiewitz, Karl: Alle lieben Bayern, Waldkirchen 2004
Ders.: Die Anfänge des Fremdenverkehrs in Oberbayern, Erfurt 2011
Ders.: Münchner Sittenbuch, München 2007
Ders.: Prachtstraßen in München, München 2009
Ders.: Zeitreise durch 100 Jahre Tourismus im Chiemgau, Erfurt 2012
Stephan, Michael/Karl, Willibald: Schwabing, München 2015
Wilhelm, Hermann: Krieger, Kaiser, Kaufleute, München 2008
Wimmer, Stefan Jakob: Orient in München, München 2012

Dank

Der Autor dankt Informanten, Bildgebern und sonstigen Förderern, insbesondere den in Anspruch genommenen Mitarbeitern der Stadtwerke München und des Stadtarchivs sowie Cornelius Esau vom Textarchiv der Süddeutschen Zeitung, den Stadtforschern Rudi Hartbrunner, Heini Ortner, Benjamin David von den Urbanauten, Ulli Trummer vom Stadtarchiv und vielen weiteren Personen und Institutionen, die u.a. im Bildnachweis genannt sind.

www.editionbuntehunde.de

München wimmelt!
Von Peter Engel

Charmante, freche Stadtansichten für alle echten und alle Möchtegern-Münchner, für die Einheimischen und die „Zuagroastn". München wimmelt auf'm Stachus, auf dem Gärtnerplatz, im Englischen Garten und, und, und … Das Wimmelbuch zur „Weltstadt mit Herz" – fröhlich und bunt!

ISBN 978-3-934941-93-9 | Pappebuch 23,5 x 31 cm
16 farbig illustrierte Seiten | 14,90 € [D] | 15,40 € [A]

Allgemeines Münchner Malbuch
für Links- und Rechthänder
Von Peter Engel

Endlich ein Kritzelbuch zur bayerischen Landeshauptstadt. Alles drin, von Arena bis Zuagroasta! An die Pinsel, Farben, Stifte! Amüsant, kniffelig, künstlerisch, traditionell und modern … auf geht's zum Kritzel!

ISBN 978-3-934941-90-8 | Paperback 21,0 x 29,7 cm
100 einfarbig illustrierte Seiten | 14,90 € [D] | 15,40 € [A]

Niklas Märchenkönig
Von Thomas Endl
Karin Schliehe + Bernhard Mark (Illu.)

Niklas findet an seinem achten Geburtstag auf dem Dachboden eine Krone und wird, schwuppdiwupp, zum König. Mit einem Froschmarschall an der Seite erkundet er sein Märchenschloss: Neuschwanstein.

ISBN 978-3-934941-65-6 | Hardcover 15,2 x 21,7 cm | 64 Seiten
35 Bilder | 14,90 € [D] | 15,40 € [A]

Erhältlich im Buchhandel oder unter www.editionbuntehunde.de

De Gschicht vom Brandner Kasper
Von Franz von Kobell und Jan Reiser (Illu.)

Jan Reisers Illustration holt dieses Erbe bayerischer Identität ins Hier und Jetzt. Seine höchst leidenschaftliche Bildinterpretation mit einem liebevollen Hauch von Fantasy verleiht der guten alten G'schicht ein bezauberndes neues G'sicht. Richtig schräg und echt bairisch kultig!

ISBN 978-3-934941-88-5 | Softcover 28,5 x 21,0 cm
36 Seiten | Ganzseitig farbig illustriert | 8,90 € [D] | 9,20 € [A]

Babylon in Bayern. Wie aus einem Agrarland der modernste Staat Europas werden sollte. Von Karl Stankiewitz. Mit Geleitworten von Christian Ude, Hubert Weinzierl und Jürgen Trittin. Bayerns Aufstieg von der landwirtschaftlichen Provinz zur High-Tech-Hochburg war gepflastert mit Stolpersteinen wie der WAA in Wackersdorf, dem Garchinger Neutronen-Reaktor oder dem Transrapid.

ISBN 978-3-934941-11-3 | Softcover 24 x 17 cm | 216 Seiten | 76 s/w-Fotos
Bestellung ab Verlag | UVP 4,99 € [D] | 5,20 € [A]

geachtet & geächtet. Bayerische Volkshelden in kulturhistorischen Skizzen
Von Dietz-R. Moser und Carolin Raffelsbauer (Hrsg.)

Alles über bekannte Charaktere aus der erzählten, bayerischen Geschichte. Erkenntnisse zu den sagenhaften Volkshelden vom Jennerwein über den Räuber Kneißl bis zur Geier-Walli sorgen für tiefste Bewunderung und leichtes Gruseln!

ISBN 978-3-934941-29-8 | Paperback 24 x 17 cm | 175 Seiten
44 schwarz-weiße und 61 farbige Abbildungen | 22,00 € [D] | 22,70 € [A]

Liebe Leserin, lieber Leser,

wie hat Ihnen die Lektüre gefallen? - Bewerten Sie doch dieses Buch im Internet auf Buch- und Rezensionsportalen wie amazon.de, buch24.de oder lovelybooks.de u.a. Oder empfehlen Sie es in den sozialen Medien weiter.
Wir freuen uns über Ihre Meinung.

Bibliografische Information der Deutschen Bibliothek

Die Deutsche Bibliothek verzeichnet diese Publikation
in der Deutschen Nationalbibliografie.
Detaillierte bibliografische Daten sind im Internet über
http://dnb.ddb.de abrufbar.

Originalausgabe

www.editionbuntehunde.de

Satz: www.sneakerberg.de
Herstellung: Alfa print s.r.o., Martin SK
Printed in Slovakia
ISBN 978-3-934941-77-9